새내기 학부모에게
꼭 필요한 이야기

새내기 학부모에게
꼭 필요한 이야기

| 백승희 지음 |

한국학술정보(주)

머리말

　이십팔 년 동안 초등교육에 몸담아 1년에 40~50명씩 담임하여 다음 학년에 올려 보내는 일은 큰 보람이기도 하였지만 걱정과 조바심에 마음 편치 않았던 때도 많았다. 그중에 1학년을 담임하였을 때 가장 어려웠던 점은 아이만 신입생이 아니라 엄마, 아빠도 새내기 학부모인 경우였다. 새내기 학부모들은 학창 시절의 경험이 있어도 이미 오래전의 경험이어서 별로 도움이 되지 못했다. 그래서 첫아이를 학교에 입학시켜 놓고 새내기 학부모들이 어찌할 바를 몰라 허둥대는 경우를 많이 보았다. 특히 아이가 학교 조직 생활의 첫 경험에 어려움을 느끼는 경우는 더욱 그러하다.

　프로이드는 7세 이전의 경험이 성격 형성에 매우 중

요한 역할을 한다고 말했다. 부모의 일관적이고 안정된 가정환경과 분위기 속에서 유년기를 보낸 아이들은 갑자기 많은 변화를 주는 초등학교의 물리적, 공간적 환경에 잘 적응한다. 반면에 그렇지 아니한 아이들은 불안하고 집중력이 떨어지는 등 학교생활에 많은 어려움을 겪는 사례가 많다. 다행히 불안정한 습관이 형성되기 전에 엄마의 지속적인 가정지도와 담임교사와의 적절한 상담으로 아이의 꿈을 가꾸고 그 꿈을 실현하도록 도와준다면 아이는 즐거운 학교생활을 한다. 하지만 부적응 생활이 형성되고 누적되었을 경우에는 문제가 대단히 심각해진다. 문제 학생이 되고 학교폭력에까지 연계될 경우가 있기 때문이다.

따라서 놀이와 흥미중심 유치원 교육환경에서 절도 있고 규칙적인 초등학교 환경으로의 변화에 잘 적응하기 위해서 미리 무엇을 준비해야 하고 어떻게 지도해야 하는지, 학교에서의 다양한 부적응 사례와 교육심리학 이론에 기초한 지도 사례를 소개함으로

써 무엇을 어떻게 해야 하는지 잘 모르는 새내기 학부모들에게 정보를 제공하여 초등학교 입문기 아이들의 즐거운 학교생활을 도와줄 수 있도록 하는 것이 이 글을 쓰는 가장 큰 동기이다.

 이 책을 통하여 많은 어린이들이 행복한 학교생활의 첫 단추를 꿰어 저마다의 꿈과 희망을 가꾸고 실현할 수 있는 토대를 마련할 수 있으면 하는 바람이다. 또한 의욕이 충만한 새내기 학부모들에게 영향을 주어 내 아이의 꿈을 이해하고 공교육에 대한 신뢰도 회복할 수 있는 좋은 기회가 되기를 바란다.

                              2008년   여름에   백 승 희

|목 차|

 1부 입학식까지는 어떤 일이? 21

2부 초등학교 입학 후에는? 27

3부 초등학교 저학년 단계를 학자들은 이렇게 말해요 39

4부 초등학령기 성격 발달에 이런 요소가
영향을 미쳐요 65

5부 초등학령기 아동에게 이런 발달이상이
있을 수 있어요 71

 6부 자기충족적 예언으로 자신감 있는
아이로 키워 주세요 83

7부 내 아이는 어떤 사례와 비슷한지요?

8부 부모님, 이렇게 가르쳐 보세요 135

9부 초등학령기의 시(時) 테크와 공간(空間) 테크 151

10부 학부모 지원단 역할에는 이런 것이 있어요 161

심은 씨는 썩어야 삽니다!

백 승 희

까망씨 톡톡
발길 불러
빈통 가지고 옥탑 올라가 보니,

나무사다리를 감싸고
펼쳐진 찬란한 초록
간 곳 없고,
겸손한 왕관들
초연한 미소 머금었네요.

폭우로 무더위 꺾이던 날
갈색 이파리 몇 개 바닥 뒹굴 제,
님이 보낸 초댓장이었나요?

성질 급한 왕자님

영토 깊이 내려 앉아

춥고 고단한 성군 수업 들어갔구료.

힘겨웠던 여름날

견뎌낸 의지가

다 먹은 된장통

수북이

까망 보석으로 바안짝 바안짝.

훈풍에 감싸이던 봄날

그리도 정성스레 심으시더니

여름내 그 몸 썩혀

성대한 대관식 열 줄이야……

우리네 애비, 에미들도

잘 썩어야 할 텐데요.

1부 "입학식까지는 어떤 일이?"

1 읍, 면, 동장님이 취학통지서를 발부해요

교육장에게 매년도 취학할 아동의 입학기일과 통학구역을 입학기일이 속한 해의 전해 11월 30일까지 통보받은 읍·면·동장은 입학할 학교를 지정하고 입학기일을 명시하여 입학기일이 속한 해의 전해 12월 20일까지 취학할 아동의 보호자에게 취학통지를 하여야 한다 〈개정 2008.5.27, 부록 참조〉.

다만 교육대학·사범대학 및 종합교원양성대학의

부설초등학교의 장과 사립초등학교의 장은 입학기일이 속한 해의 전해 12월 10일까지 다음해 입학허가자 명부를 읍·면·동의 장에게 통보하여야 한다 〈개정 2008.5.27, 부록 참조〉.

② 취학통지서에 적혀 있는 신입생 소집일시에

해당 학교를 갑니다

반드시 취학통지서를 가지고 가야 하고, 취학 대상 어린이는 데리고 가지 않아도 된다. 그러나 학교에 따라서는 아이들의 학교에 대한 첫 경험이기 때문에 의미 있는 행사를 하는 경우도 있지만, 겨울이고 방학 중이라서 날씨가 춥기 때문에 대부분의 학교에서는 부모들에게 등록만을 받는다. 등록 시에 학교에서는 입학식 일시 및 사전지도 내용, 준비물,

학교 안내 등이 적혀 있는 안내 책자를 준다. 학부모들은 안내 책자를 아이와 함께 꼼꼼히 살펴보는 기회를 가지고 입학을 준비한다.

3 입학연기신청은 읍·면·동사무소에 가서 합니다

읍·면·동의 장은 매년 10월 1일 현재 그 관내에 거주하는 아동으로서 다음 해 3월 1일에 그 연령이 초등학교 취학시기에 달하는 자를 조사하여 당해 연도 10월 31일까지 취학아동명부를 작성하여야 한다. 그러나 1월 1일부터 12월 31일까지 연령이 만 6세에 달하는 자로서 다음해로 입학을 1년 연기하려는 경우, 초중등교육법 제13조 2항에 의거하여 아동의 보호자는 10월 1일부터 12월 31일까지 읍·면·동의 장에게 입학연기신청서를 제출하여야 한다. 입학연기신청서를 접수한 읍·면·동의 장은 지체 없이 취학아동명부에서 이 아동을 제외하여야 한다 〈초·중등교육법 시행령 제15조 제3항, 제4항, 신설 2008.5.27〉.

4　만 5세 아이도 조기입학 신청할 수 있습니다

초중등교육법 제13조 2항에 의거하여 1월 1일부터 12월 31일까지 연령이 만 5세에 달하는 자로서 조기입학을 원하는 자녀 또는 아동의 보호자는 10월 1일부터 12월 31일까지 조기입학신청서를 읍·면·동의 장에게 제출하여야 한다. 조기입학신청서를 접수한 읍·면·동의 장은 지체 없이 이를 취학아동명부에 등재하여야 한다 〈초·중등교육법 시행령 제15조

제2항, 제4항, 신설 2008.5.27〉.

5 입학식 날에는 학급 배정을 하고 담임교사와 첫인사를 합니다

- 신입생 소집일에 배부된 책자에 안내된 내용을 잘 읽고 준비물(실내화주머니, 이름표 등)을 가지고 옷을 따뜻하게 입혀서 입학식 10분 전쯤 도착한다.
- 반 배정표에서 반을 확인한 후 배정된 반에 가서 줄을 선다.
- 입학식이 끝나면 대부분의 학교에서는 담임교사의 안내로 교실에 들어가서 이름표와 주간학습안내를 받는데, 주간학습안내를 잘 읽어 보고 준비물이나 학습 일정을 알아놓아야 한다.

6 입학 후 3월 한 달 동안은 '우리들은 일학년' 책 한 권을 공부합니다

　주제별로 통합학습을 하던 유치원에서 갑자기 교과별 학습을 입학 다음 날부터 시작하는 것은, 유치원을 갓 졸업한 우리 아이들에게는 무리한 일이다. 그래서 입학한 후 한 달 동안(80시간)은 주제별로 학습내용을 선정하여 조직한 '우리들은 일학년'을 학습한다.

시정은 입학 첫 주는 대부분 2~3시간씩, 둘째, 셋째, 넷째 주는 4시간씩 총 80시간을 이수하게 된다.

'우리들은 일학년' 학습이 끝날 무렵에는

교과별 교과서를 나누어 줍니다

한 달 동안 '우리들은 일학년' 학습을 마치게 되면 국어(말하기·듣기, 읽기, 쓰기) 3권, 수학(수학익힘) 2권, 바른생활(생활의 길잡이) 2권, 슬기로운생활, 즐거운 생활 책 모두 9권을 나누어 준다.

교과서와 학용품에는 반드시 아이와 함께 이름을 쓰고, 잘 관리해야 함을 인지시킨다. 혹시 잃어버렸을 경우에는 내 물건을 꼭 찾는 습관을 형성시켜야 한다. 주간학습 안내와 같은 학교에서 배부한 학습 안내 일정에 따라 매일 저녁, 다음 날 교과서 및 학습준비물을 미리 정리하고 준비하는 습관을 1학기 동안에는 지도하여야 한다. 스스로 자기 할 일을 찾아서 챙기는 일은 매우 중요한 습관 중의 하나인데 지속적이고 반복적인 부모의 지도가 이루어질 때 형성된다.

8 초등학교 입학 후 가장 중요한 일은

바른 습관 형성입니다

한 학기 동안 해야 할 일 중에 가장 중요한 일은 내 아이에게 알맞은 학습유형 찾아 형성하기, 바른 생활습관 형성하기, 주변 친구들과 원만하게 잘 지내는 사회성 형성하기 등이다. 특히 바른 글씨 쓰기 습관은 입문기 시절에 지속적으로 지도하여야 한다. 이러한 일들은 부모와 교사와의 문자메시지, 전화, 알림장 등을 통한 간편하면서도 의사전달이 명확한 방법으로 알아보거나 상담할 수 있고, 주변 친구와 내 아이와의 자연스런 대화를 통하여 이루어질 수 있다.

9 입학기 학생들의 일반적 특성은 이렇습니다

1. 신체적 특성

아동기는 신체적 성장의 속도가 느리지만, 1학년 때까지도 성장의 속도가 급격한 제2신장기에 속하는 학생들이 많다. 내장 기관이나 뇌의 성장이 현저하며, 운동기능의 발달로 장난이 심해진다.

2. 정서적 특성

아동기의 정서적 특징은 감정변화가 자주 일어난다. 어린이들은 동일한 작업에 오랫동안 열중하지 못하며, 조금 전까지 깊은 관심을 보이다가도 금새 싫증을 느끼곤 한다.

학생의 정서를 건전하게 발달시키는 데 가장 중요한 것은 부모와 교사의 일관된 사랑이다.

3. 사회적 특성

또래 친구 관계가 주로 동성, 옆자리 혹은 이웃집 학생들과의 사이에 놀이집단의 규모는 3~6명 정도로 확대된다. 놀이의 과정에서 일반적으로 경쟁의식이 강하게 나타나며, 이 때문에 학생들 사이에 다툼이 잦지만, 그 감정이 오래 지속되지는 않는다.

입학 초기의 학생들 중에서도 내성적이고 소극적인 학생, 규칙을 지키지 않는 학생의 지도가 중요하다. 이러한 학생들은 지나친 격려나 질책보다 적절한 역할을 주어 활동시키거나 불만을 그림이나 이야기로 해소시킬 수 있는 기회를 주는 방법 등이 유효하다.

4. 지적 특성

지적 호기심이 많아 반복적으로 같은 질문을 하는 경향을 있으며, 지각 능력도 예리하고 정확해진다. 사고가 제법 논리적으로 되며, 상상력과 창의력이 증가한다.

자기중심적이며 약간의 보존개념이 발달하기도 한다. 기초적인 창조적 표현능력도 발달하여 많은 모방을 하게 되며 자기 나름대로 색다른 표현방법을 나타내기도 한다. 손가락으로 그림을 그리거나 만들기도 하는데, 크게 그리거나 만들도록 하는 것이 좋다.

5. 바람직하지 못한 습관

(1) 습관으로 나타날 수 있는 단점

- 아침에 늦게 일어나는 버릇
- 자기 물건을 잘 챙기지 못하는 버릇
- 밥투정, 반찬투정하는 버릇
- 식사예절이 나쁜 버릇
- 텔레비전에 매달려 있는 버릇
- 손발이나 몸을 씻지 않는 버릇

(2) 성격 특성으로 바람직하지 못한 점

- 다른 아이들과 어울리지 못하는 점

- 참을성이 부족하고 쉽게 싫증을 내는 점
- 이기적이고 협동심이 부족한 점
- 난폭하고 남과 자주 다투는 점

10 학교생활 안내는 이렇습니다

1. 학용품 선택 요령

- ♥ 값이 싸고 간단하고 튼튼한 것
- ♥ 학용품에 이름 꼭 쓰기(낱개에 모두 이름 쓰기)

가 방		적당한 크기로 양어깨에 메는 가방
필 통		장난감이 없는 헝겊이나 비닐
연 필		HB연필 3, 4자루
지우개		부드럽게 잘 지워지는 것
학습장		8칸 쓰기 공책, 받아쓰기 공책, 알림장, 종합장(줄이 없는 것 등)
크레파스		12색 정도의 알맞은 크기
색연필		사용하기 편리한 색연필
그림도구		물감은 6~12색 정도, 붓은 18호 한 가지 정도

2. 배우는 교과

교과목	교과서	비 고
① 우리들은 1학년	(1) 우리들은 1학년(3월 중 지도)	교과목은
② 국 어	(2) 말하기·듣기, 읽기, 쓰기	6개

교과목	교과서	비 고
③ 수 학	(3) 수학, 수학 익힘 책	교과서는 10권
④ 바른생활	(4) 바른생활, 생활의 길잡이	
⑤ 슬기로운 생활	(5) 슬기로운 생활	
⑥ 즐거운 생활	(6) 즐거운 생활	

3. 학교 급식 실시

💜 대부분 학교는 전교생에게 위생적이며 우수한 영양 급식을 실시한다. 가정에서도 음식을 가리지 않고, 골고루 먹도록 지도한다.

4. 준비물 챙기기

학교에서 배부해 드린 주간학습 계획 안내서에 있는 준비물이나 담임선생님께서 내주시는 학습 준비물을 빠짐없이 잘 챙겨주어 학습 결손이 없도록 한다(학습 준비물은 수업 진행에 꼭 필요하고 학습의 효율성을 높인다).

5. 과제물 처리

선생님께서 내주시는 과제는 자기 스스로 해결할 수 있도록 안내하고 보살펴 준다.

6. 용돈 관리

불필요한 용돈을 가지고 다니지 않도록 하여 건전한 소비 습관을 형성(군것질 않기)시키고 학교폭력(용돈 뺏기 등)을 미연에 방지한다.

7. 사물함 관리

교실에는 개인별로 자기 물건을 정리, 보관할 수 있는 사물함이 있다. 사물함을 이용함으로써 자기 물건을 정리하고 보관하는 습관을 기를 수 있고 책가방 무게를 줄여 아동들의 성장 발달에 도움을 줄 수 있다. 사물함에 많이 쓰는 준비물을 미리 갖다 놓으면 좋다.

8. 특기적성교육 운영

초등학교에서는 아동들의 소질과 적성을 계발하는 특기적성 강좌가 운영되고 있으며, 3월 중 특기적성교육 안내장이 가정으로 배부된다. 특기적성교육을 희망하는 어린이들은 하고 싶은 부서를 신청하여 방과후에 특기적성강사에게 지도를 받는다.

11　가정생활 지도는　이렇게 하면 좋아요

1. 입학 후 가정에서의 교육

　가정생활과 학교생활에 서서히 적응시켜 주어 학교를 즐거운 곳으로 인식할 수 있도록 지도해 주어야 한다.

　또한 학교나 선생님을 부정적으로 말하는 학부모님의 언사는 아동들이 배움의 터를 부정적으로 보게 되어 교육적으로 역기능이 된다.

2. 학교가기 좋아하는 어린이 되기

- 첫 등교하는 날부터 학교 좋아하기
- 힘든 일을 피하지 말고 이길 수 있도록 격

려하기

- 형, 누나와 비교하기보다는 용기를 북돋아
  주기
- 부모님을 필요로 할 때 시간 내기
- 친구와의 조그마한 다툼이나 어려움은 스스
  로 해결하기
- 학교의 숙제나 준비물은 스스로 챙기기

3. 안전과 건강에 유의하기

- 교통사고 예방에 힘쓰기(횡단보도 손들고 건
  너기)
- 식사 후 이 닦는 습관 기르기(바른 칫솔질
  지도)
- 예방접종하기

4. 예습 · 복습지도

부모와 함께 공부를 할 때 학생에게 주입식이나, 강요는 삼가는 것이 좋다. 부모는 문제를 던져 놓고 답을 말할 필요 없이 계속 문제만 제시하여 아동 혼자서 생각하고 말할 수 있도록 해 주는 것이 좋다. 틀려도 좋으니까 아이가 직접 그 문제를 해결하도록 한다.

즉 예습한다는 것은 부모가 그것을 가르치라는 것이 아니라 내일 할 것을 미리 생각해 본다는 것이다.

5. 인터넷 교재

컴퓨터를 좋아하는 아동들이 많다. 어려서부터 컴퓨터에 대한 인식을 바르게 갖게 하는 것이 필요하다. 유용한 학습 사이트가 많으므로 단순한 게임보다는 학습사이트를 체계적으로 이용하는 방법, 검색하는 방법을 가르쳐 준다.

6. 가정에서 생활습관의 지도

가. 학교는 즐거운 곳

어린이와 함께 학교 모습을 보여주어 학교라는 곳은 즐거운 곳, 다정한 곳이라는 것을 몸소 체험하여 학교생활에 빨리 적응할 수 있도록 한다.

나. 존경스러운 선생님의 인상을 심어요

'선생님은 무섭다'는 인상을 주지 말고 부모와 똑같이 친절하며 모든 것을 가르쳐 주시는 훌륭한 분이라는 것이 인식되도록 한다.

다. 자기 일은 자기 스스로 할 수 있도록 합니다

어머니의 과잉보호는 응석받이로 만들기 쉽다. 혼자 학교 가는 것을 고통스러워하더라도 혼자 가게 해야 하고, 자기 물건을 스스로 챙기는 버릇을 갖도록 한다.

라. 자기 의사를 표현할 수 있는 힘을 길러 줍니다

어른들이 재촉하거나 성급하게 꾸짖기에 앞서 매일 어린이 이야기를 들어주고 칭찬해 줄 때, 의사표현력이 길러져 보람 있는 학교생활을 하게 된다.

마. 입학이라 해서 과중한 부담을 주어서는 안 됩니다

어디까지나 입학은 즐거워야 하고 희망차야 한다. 입학 전의 생활습관을 기르는 데도 쉬운 것부터 조금씩 무리 없이 지도되어야 한다.

바. 자기중심적인 생각을 버리도록 해야 합니다

내 아이가 남의 아이보다 잘하고, 앞장을 서고, 1등을 했으면 하는 생각은 부모로서의 본능에 가까운 욕망이겠으나, 내 아이가 바르게, 참되게 자라 가려면 소속 집단 전원이 좋은 환경에서 생활해야만 되는 것이다.

사. 모든 일을 긍정적으로 보고, 고마워하는 마음을 갖도록 합니다

물이 반 컵이 있으면 '아직도 반 컵이나 남았구나.' 하고 긍정적으로 받아들이고 항상 친구, 이웃, 학교, 사회, 국가를 밝게 보아 희망찬 생각을 갖도록 도와주어야 한다.

아. 잘못된 일은 내 탓으로 돌릴 수 있도록 해야 합니다

자기가 하는 일이 조금만 안 되어도 '친구 때문

에', '엄마 때문에', '선생님 때문'이라고 하기보다는 내 탓으로 생각하는 심성을 길러 주어 항상 반성하는 속에서 책임감이 길러지도록 한다.

자. 입학 초기의 학교생활은 보다 세심하게 보살펴야 합니다

(1) 하루 일정과 준비물은 〈주간학습 안내〉를 참고한다.

(2) 내 이름표를 잘 달고 다니도록 한다.

(3) 교통질서를 잘 지켜 안전사고 예방 교육에 힘쓴다.

(4) 손수건이나 휴지를 가지고 다니도록 한다.

(5) 자기 집 전화번호를 알도록 한다.

(6) 활동하기 편한 옷, 용변 보기 편한 옷을 입도록 한다.

(7) 가정통신문을 반드시 확인하고 연락사항을 잘 지키도록 한다.

(8) 학교규칙을 잘 지킬 수 있도록 지도한다.

(9) '우리들은 1학년' 책은 매일 가지고 다닌다.

(11) 모든 소지품에는 학년, 반, 이름을 꼭 쓰도록 한다.

(12) 학교 이름과 담임선생님의 이름, 얼굴을 익히도록 한다.

(13) 등교하기 전에 대소변을 꼭 보도록 지도한다.

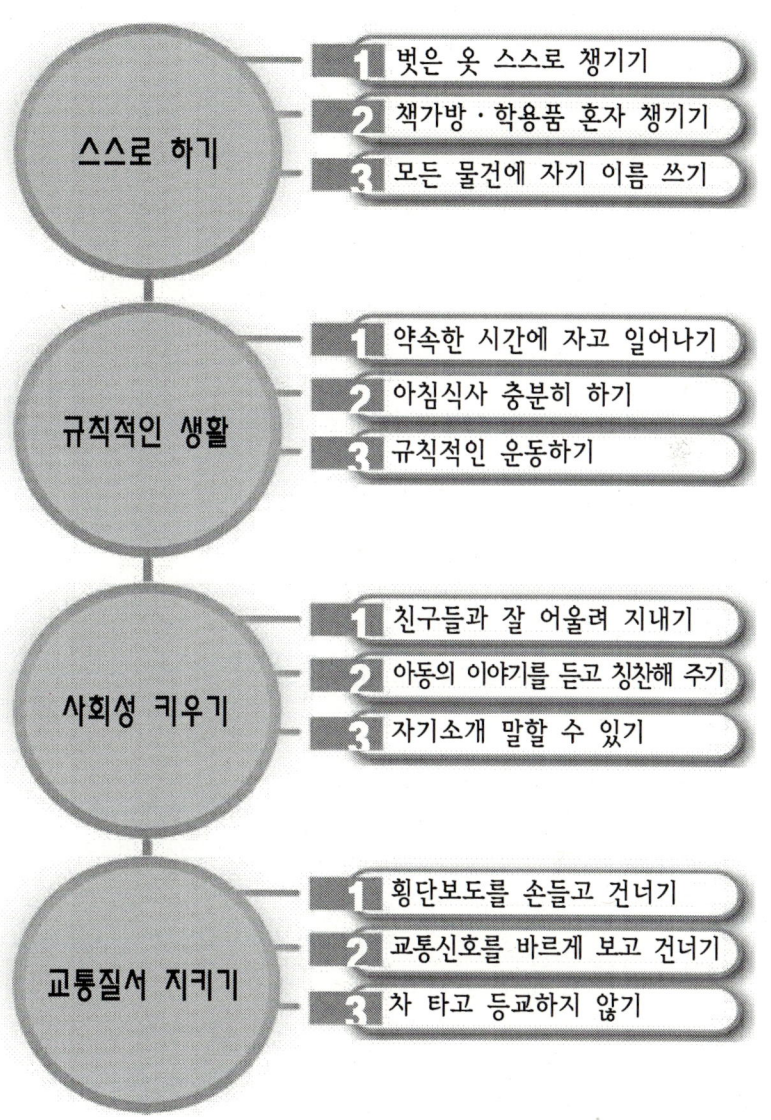

스스로 하기
1 벗은 옷 스스로 챙기기
2 책가방·학용품 혼자 챙기기
3 모든 물건에 자기 이름 쓰기

규칙적인 생활
1 약속한 시간에 자고 일어나기
2 아침식사 충분히 하기
3 규칙적인 운동하기

사회성 키우기
1 친구들과 잘 어울려 지내기
2 아동의 이야기를 듣고 칭찬해 주기
3 자기소개 말할 수 있기

교통질서 지키기
1 횡단보도를 손들고 건너기
2 교통신호를 바르게 보고 건너기
3 차 타고 등교하지 않기

〈꼭 형성해야 할 습관〉

● 학교생활 적응 진단표

　　부모님께서 아무리 주의 깊게 어린이의 학교 갈 준비를 했다고 할지라도 어린이가 학교에 가서 학교라는 새로운 환경에 얼마나 적응하는가를 스스로 진단하여 보지 않고서는 어린이의 입학 준비를 마쳤다고 할 수 없다(아래 진단 자료를 참고하기).

항	진단내용	예	아니요
1	어린이 스스로 모든 물건에 이름을 쓸 수 있다.		
2	남이 도와주지 않아도 화장실 사용 후 옷을 입고 벗을 수 있다.		
3	여러 가지 모양을 가위로 오릴 수 있다.		
4	줄넘기를 할 수 있다.		
5	친구들과 싸우지 않고 사이좋게 논다.		
6	부모님이 시킨 일을 기꺼이 해낸다.		
7	다른 사람에게 잘못을 전가시키지 않는다.		
8	부모가 들려준 이야기에 대해서 말하기를 좋아한다.		
9	다른 사람의 의사결정에 의존하기보다 스스로 결정하려 한다.		

항	진단내용	예	아니요
10	단어의 의미, 책 읽는 방법에 대한 질문을 하는 등 독서 학습에 관심을 보인다.		
11	어려운 일을 끝까지 참고 해낸다.		
12	지하철, 버스, 극장 등에서 장난을 하지 않는다.		

3부 "초등학교 저학년 단계를 학자들은 이렇게 말해요 "

◉삐아제는 인간의 인지발달 단계를 감각운동기 (0~2세), 전조작기(2~7세), 구체적 조작기(7~11세), 형식적 조작기(11세 이후)로 나누어서 설명하였다.

그중에 초등학교 신입생 부모들이 주의 깊게 살펴볼 단계는 유치원생들의 특징에 해당하는 **전조작기의 발달 특징과 초등학생에게 해당하는 구체적 조작기 발달 특징**이다. 초등학교 저학년들은 특히 전조작기적 특징과 구체적 조작기 특징을 잘 알고 있으면 아이들의 행동을 잘 이해할 수 있게 된다.

1. 전조작기 특징

S 군은 교실 문을 열고 책가방을 자기 책상 위에 올려놓더니, 갑자기 J 군에게 달려가 주먹으로 가슴을 치는 것이었다. 깜짝 놀란 J 군도 일어나서 S 군 머리를 때렸다. 둘이 싸움이 난 것이다. 선생님이 앞으로 불러 S 군에게 왜 J 군을 때렸느냐고 물어보니 "어제 저녁에 J가 나를 때려서 울었어요."라고 말하는 것이었다. J에게 물어보니 "아니에요, 저는 어제저녁에 S를 만난 적도 없어요."라고 억울해 하며 말하지만 S는 끝까지 J에게 맞았다고 우겨댄다.

S 군은 어제저녁에 평소에 별로 사이가 좋지 않았던 J 군에게 맞는 꿈을 꾸었던 것이다. 아침에 등

교하여 J 군이 눈에 띄자마자 어젯밤 꿈속에서 맞았던 일이 실제처럼 떠오른 것이다. 이처럼 전조작기 어린이들은 꿈을 실제처럼 생각하는 특징을 가지고 있는데, 초등학교 저학년의 경우에서 가끔 이러한 광경을 목격한다. 부모나 교사가 이러한 '꿈의 실제론'적인 특징을 알고 있다면, S 군과 J 군이 거짓말을 한다고 생각하지 않고 그 행동을 이해하여 잘 타이를 수 있게 된다.

13 자기중심적 특징이 있습니다

초등학교 5학년인 S 어린이는 엄마 생신이 내일이어서 용돈을 챙겨서 1학년인 동생을 데리고 가까운 마트에 갔다. S 어린이는 평소에 엄마가 좋아하는 꽃무늬가 있는 하얀색 스타킹 3켤레를 샀다. 동생은 인형을 들고 와서 계산하고 있었다. "인형은 네가 좋아하는 것이지 엄마가 좋아하는 것이 아니야. 너도 커피색 스타킹 2켤레 사는 것이 어떠니?"라고 S 어린이가 동생에게 말하지만 "아니야. 예쁜 인형을 주면 엄마는 좋아할 거야."라고 동생은 끝까지 우긴다.

전조작기 아이들은 자기가 좋아하는 것은 다른 사람들도 좋아한다고 생각하는 자기중심성이 강하다. 이러한 특징을 잘 아는 엄마라면 동생의 인형을 받아들고 기뻐하며 며칠간 침대 머리맡에 놓아 두어 동생을 보람 있게 해 주지만, 그렇지 않은 엄마는 화를 내며 "인형은 너나 좋아하지 엄마는 싫어해."라고 반응하여 아이를 속상하게 만들어 엄마가 자기를 미워한다고 생각하게 할 수 있다.

14 비가역적 특징이 있습니다

　더운 여름 날 학교를 마치고 부랴부랴 학원에 가는 5학년인 S 어린이에게 엄마가 바나나우유 한 통을 컵에 따라 주면서 마시고 가라고 했다. 거실에서 놀고 있던 1학년인 동생이 "엄마, 나도 한 잔 주세요."라고 하여 똑같은 바나나우유 한 통을 다른 넙적한 컵에 따라 주었다. 동생은 화를 내면서 "엄마, 언니는 많이 주고 왜 나는 조금 줘." 하면서 화를 낸다. 이것을 본 S가 자기 우유를 다른 그릇에 붓고 동생의 우유를 자기 컵에 따라 똑같은 것을 보여주어도 동생은 끝까지 자기 것이 적다고 언니가 먹던 우유를 먹겠다고 떼를 쓴다.

　전조작기 어린이들은 되돌려서 생각하는 가역적 사고가 안 된다. 언니 컵에 있던 우유를 똑같이 자기 컵에 옮겨서 보여주어도 여전히 언니가 먹던 우유가 더 많다고 생각하는 것이다. 이러한 단계의 어린이에게 4+5=9를 가르치고 9-4=5나 9-5=4를 가르치는 것은 대단히 어려운 일이다. 부모가 이러한 비가역적 특징을 알고 있다면 아이의 입장에서 눈높이를 맞추어 대화가 이루어져 서로 이해가 쉬울 것이다.

2. 구체적 조작기 특징

15 보존개념이 발달합니다

구체적 조작기 어린이들은 가역성 개념을 획득하게 되어 보존 과제를 성공적으로 수행할 수 있다. 동생이 구체적 조작기에 들어서면 길고 좁은 컵에 있는 언니의 우유와 짧고 넓은 컵에 있는 자기 우유의 양이 같다는 것을 알게 되는데, 이것은 우유를 다시 짧고 넓은 컵에 부었을 때 그 양이 같아진다는 가역적이 사고가 가능하기 때문이다. 보존개념의 획득은 우유의 경우처럼 양에 대한 보존개념 이외에도 수나 길이 등의 여러 가지 영역에서 이루어진다.

16 사회지향적 특성을 보이게 됩니다

구체적 조작기 어린이들은 언어 사용에서 자기중심적인 경향이 줄어들고 의사소통에서 사회지향적인 특징을 보인다. 다른 사람들을 이해하고 자신의 감정과 사고를 어른들에게 표현하려고 한다.

● 프로이드는 삶의 본능을 중요시했으며 삶의 본능을 성 본능으로 보고 이를 리비도라는 개념으로 불렀

다. 이 리비도는 일생 동안 연령에 따라 입술, 구강, 항문, 및 성기 부위에 집중한다고 보고, 발달 단계를 구강기(0~1세), 항문기(1~3세), 남근기(3~5세), 잠복기(6~11세), 청년기(11세 이후) 5단계로 나누었다.

초등학교 학부모들은 유치원 단계인 **남근기와 초등학생 단계인 잠복기의 발달 특징**에 주목할 필요가 있다.

17 남근기 특징은 이렇습니다

이 시기의 어린이는 성기에 관심이 많게 되는 시기이다. '가족의 로맨스'가 생기는데, 가장 중요한 것은 '**오이디푸스 콤플렉스**'를 갖는 것이다. 오이디푸스 콤플렉스는 어린이가 이성 부모에 대하여 성적인 애정을 가지고 접근하는 욕망이다. **남아는 어**

머니에게 성적 애착을 느끼고 아버지를 애정의 경쟁자로 생각하여 적대감을 갖게 된다. 우세한 경쟁자인 아버지가 자기를 해칠 것이라고 생각하여 자기 성기가 제거될 것이라는 두려움을 갖게 되는 거세불안을 느끼게 된다. 거세불안을 감소하기 위해서 어머니에 대한 성적 욕망과 아버지에 대한 적대감을 억압하여 어머니의 인정을 얻고 아버지와 동일시하여 아버지의 가치체계나 남성적 역할을 습득하여 성역할을 형성한다. **여아**는 아버지에게 성적 애착을 갖게 되는데, 이를 '**일렉트라 콤플렉스**'라고 한다. 여아는 남근이 없기 때문에 남근 선망을 갖고 열등감을 갖는다. 이 시기에 고착되면 과시적이고 공격적인 남근기적 성격 소유자가 된다.

S 군의 엄마가 시장에 다녀와 보니 집안이 온통 난리였다. S 군이 옷장에서 아빠 넥타이와 와이셔츠를 꺼내서 입고 아빠구두까지 신고 현관을 왔다 갔다 하면서 엄마를 맞이하는 것이다. S 군의 엄마

가 남근기적 특징을 잘 이해하고 있다면 '와! 우리 S가 아빠보다 더 멋진 걸.' 하면서 안아줌으로써 S 군은 바람직하게 성역할이 고정될 것이다. 만약 '이게 다 무슨 난리야.'라고 꾸중을 한다면 S 군은 자신감과 자기애 형성에 어려움이 있을 것이다.

M 어린이는 엄마가 없는 사이에 화장대에서 엄마 루즈를 꺼내서 바르고 앞치마도 입어 보고, 엄마 뾰족구두도 신어 보다가 엄마에게 야단을 맞고 저녁밥도 안 먹은 채 아빠만 오기를 기다리고 있다. 아빠가 퇴근하여 M 어린이를 안아주고 이 세상에서 제일 예쁜 우리 딸이라고 말해준다면 M 어린이의 바람직한 성격 형성에 많은 도움이 될 것이다.

18 잠복기 특징은 이렇습니다

잠복기는 6세부터 사춘기가 시작되기 전까지 11~12세경까지를 말한다. 즉 **초등학생 단계**이다. 이 시기는 다른 단계에 비해서 '평온한 시기'로 성적 욕구가 억압되어서 구강기, 항문기, 남근기 단계에서 가졌던 충동, 욕구 등이 잠재되어 있어 새로운 환경에 적응하는 일에 집중이 가능하다.

○에릭슨은 프로이드의 이론을 기초로 하여 일생을 기본적 신뢰감 대 불신감(0~1세), 자율성 대 수치감(1~3세), 주도성 대 죄책감(3~6세), 근면성 대 열등감(6~11세), 정체감 대 정체감 혼미, 친밀성 대 고립감, 생산성 대 침체성, 통정성 대 절망감의 8단계로 구분하였다. 초등학생 학부모들은 유치원 단계인 **주도성 대 죄책감 단계와 초등학생 단계인 근면성 대**

열등감 단계에 관심을 가질 필요가 있다.

19 주도성 대 죄책감 단계 특징은 이렇습니다

이 시기의 어린이는 자기의 목표나 계획을 세울 수 있고 목표지향적인 주도적 행동을 나타낸다. 반면에 이 시기에 자신의 계획이나 목표를 세우지 못하고 실패하게 되는 것을 경험하게 되면 자신의 목표나 계획이 부모나 사회가 금지시키는 것이라고 알게 되어 죄책감을 느끼게 된다. 그러므로 부모는 기다려 주고 내 아이의 주도적인 행동이 비록 어설프고 마음에 들지 않더라도 인정해 줄 수 있어야 한다.

20 근면성 대 열등감 단계 특징은 이 렇 습니다

이 시기의 어린이는 **초등학교기에 해당**하는데 읽기, 쓰기, 셈하기 등 인지력과 또래 친구들과의 원만한 관계를 유지하는 사회성을 습득하게 된다. 이러한 인지력과 사회성을 배워서 숙달시키려면 근면성이 형성되어야 한다. 근면성 형성은 자아성장에 결정적 역할을 하게 되므로 부모는 의도적으로 지도하고 형성시키고자 노력해야 한다. 만일 이 시기에 근면성을 형성하지 못하거나 실패와 실수를 거듭하게 되면 열등감을 갖게 된다. 그러므로 부모는 칭찬과 보상, 벌 등을 적절하게 사용하여 따뜻한 가슴을 바탕으로 한 냉철한 머리로 지도해야 할 필요가 있다.

4부 "초등학령기 성격 발달에 이런 요소가 영향을 미쳐요,,

초등학령기 어린이는 두 가지 중요한 변화를 경험한다. 첫째, 초등학교에 입학하는 것이고 둘째, 부모 의존성이 줄어들고, 대인관계의 주 대상이 친구로 옮겨 가며 교사, 지역사회 및 다른 사람들과의 관계로 그 범위가 넓어지는 것이다.

21 자기보호를 위한 방어기제를 사용합니다

　　S 어린이는 부모님의 사랑을 못 받을까 봐, 꾸중을 들을까 봐 걱정을 많이 한다. 때로는 스스로 못난 느낌이 들기도 하고 양심의 가책을 받기도 하면서 불안해하기도 한다. 무의식적으로 자신을 지키기 위해서 여러 가지 기교적인 방어기제를 사용한다. 할머니에게 꾸중을 자주 듣는데, 매우 가까운 분이지만 싫어하기 때문에 할머니에 대한 기억과 경험을 잘 잊어버리곤 한다. S 어린이는 싫어하는 기억이 의식되지 않도록 무의식 속으로 누르는 **억압이라는 방어기제를** 사용하는 것이다.

－ 이 외에도 S 어린이는 자기 행동에 양심의 가책을 느낄 때, 핑계를 대거나 변명하는 자기 **합리화** 기제를 사용함으로써 불안을 제거하곤 한다.

- 받아쓰기 점수가 안 좋아서 엄마에게 꾸중을 들을까 봐, '선생님이 낮은 소리로 불러 주어서 못 받아썼다'고 잘못을 선생님 탓으로 돌리는 **투사** 기제를 사용하곤 한다.
- S 어린이는 불안하거나 어려운 일이 있을 때 어릴 때 했던 어리광을 부리거나 떼를 써서 불안을 제거하는 **퇴행**기제를 사용한다.
- 엄마에게 꾸중을 듣고 강아지를 발로 차서 화풀이를 하는 **대치**방어기제를 사용할 때도 있다.

따라서 부모님은 S 어린이가 왜 이런 기제를 사용하는지를 잘 파악하여 불안요소를 없앨 수 있도록 도와주어야 한다.

22 부모와의 관계는 이렇습니다

초등학령기에는 유아기에 비해서 부모에 대한 의존성이 엄청나게 줄어든다. 따라서 부모는 내 아이를 이해하고 지나치게 간섭하거나 금지하는 자세를 되도록 지양하고, 자유시간과 의사를 존중할 수 있어야 한다.

23 교사와의 관계는 이렇습니다

초등학령기의 교사의 역할은 유아기의 부모 역할의 대리이다. 초등학교 입학하기 전에 부모나 형제들이 학교에 대해서 긍정적인 예비지식을 제공하면, 어린이가 입학하여서 관심을 가지고 적극적으로 교사를 대하게 된다.

24 또래관계는 이렇습니다

입학 후에 어린이들의 친구관계는 매우 중요하다. 친구들과 어울리면서 또래 간의 의사소통방법을 익히고, 자신감도 가지게 되며 대체로 부모나 교사보다도 또래 친구들과의 관계에 더 동조하는 특징이 있다. 그러므로 부모는 친구관계를 잘 살펴볼 필요가 있다.

5부 "초등학령기 아동에게 이런 발달이상이 있을 수 있어요„

25 입학신경증이 있어요

　입학 시기에 나타나는 신경증으로 야뇨증, 유분증, 말더듬이 등이 있다.

26 분리불안증이 있어요

　○○이는 아침마다 학교 현관에서 엄마와 실랑이

를 한다. 엄마는 교실에 들어가라고 하고, ○○이는 엄마와 떨어지는 것이 두려워 따라가려고 한다. 교사의 지혜로 좋아하는 친구와의 관계를 형성시켜 친구를 만날 욕심으로 교실에 들어오기 시작하더니 1학년 생활에 잘 적응하여 2학년에 올라갔다. 2학년에 올라가서도 다시 격리불안증이 생겨서 한 학기 동안 엄마와 함께 교실에서 학습을 하게 되고 나서 혼자 학교에 다니게 되었다.

분리불안증은 ○○이의 사례에서도 그랬지만 유년기에 어머니와의 분리를 극복할 수 없었던 경험으로 인한 어머니–어린이와의 장애에서 비롯되는 경우가 많다. 잘 모르는 경우에는 자칫 게으르다고 생각하여 꾸중이나 벌을 주어 회복할 수 없는 상황이 될 수도 있으므로 부모의 이해가 필요하다.

27 우울증이 있어요

아동기에 나타나는 우울증은 주로 가정형편이 어렵다거나 꾸중과 야단만 치는 부모의 양육방식 등의 욕구불만이 원인이므로 지속기간이 짧고 그 정도가 경미하다. 부모가 보기에는 가벼운 문제라도 아동에게는 어려운 문제로 불안이 쌓여서 우울증이 나타나게 되므로 부모는 항상 주의 깊게 관심을 가져야 한다.

28 습관장애가 있어요

습관장애는 심리적 갈등을 신체적 움직임에 집중하여 긴장을 방출하는 것이다. 틱과 같은 안면근육의 경련, 손톱 깨물기, 눈 깜박거리기, 다리 떨기, 쿵쿵 거리기, 손가락 빨기 등으로 나타난다. 이러한 어린 이는 교사의 꾸중이나 친구의 놀림을 받아 다른 문제로 발전될 수 있으므로 **전문가와의 상담을 통하여 반드시 교정**해야 한다.

29 거짓말하는 증상이 있기도 해요

아동이 거짓말을 하는 데는 잘못했을 때 벌을 피하기 위해서 하는 경우와 인정받기 위해서 이야기를 꾸미는 경우, 뇌를 손상당한 경우, 자폐증이 있는 경우 등이 있다. 거짓말하는 습관을 치료하거나 지도하지 않으면 청소년기부터는 걷잡을 수 없는 문제행동으로 발전할 수 있으므로 반드시 아동기에 지도되어야 한다.

30 ADHD 행동장애가 있어요

○○는 공부시간에 손발을 가만히 두지 못하고 움직이거나 몸을 비비 꼰다. 가만히 앉아 있으라고 하여도 그때 뿐이다. 친구들과 놀 때에도 자기 순서를 기다리지 못하고, 질문을 해도 끝까지 듣지 않고 대답을 해버린다. 한 가지 행동에 집중하지 못하고 이것저것 신경을 쓴다. 자기 일이나 물건을 자주 잃어버리고 위험한 행동이나 놀이를 많이 하여 엄마와 선생님을 놀라게 한 적이 한두 번이 아니다.

이것을 ○○의 잘못으로 생각하고 꾸중을 하면 안 된다. ○○ 같은 과다행동성, 충동성, 산만한 행동 특성이 7세 이전에 6개월 이상 지속적으로 보이는 경우는 '**과다행동성 주의집중장애**(ADHD: attention deficit hyperactivity disorder)'로 불리며(미국정신의학협회, 1994년), 주로 과제에 대한 주의집중에 어려움을 보이는 아동들을 일컬을 때 사용한다. 학령기 아동의 3~5% 정도가 ADHD를 보이는 것으로 추정되고 있으며, 여아보다는 남아에게서 더 자주 나타나는 것으로 보고되고 있다. 1/3 이상의 학습장애아들이 ADHD 행동특성을 보이는 것으로 보고되고 있다.

- **ADHD의 원인**은 유전적인 요인, 신경생물학적 요인(전두엽 기능 손상 가능성), 환경적 요인(임신중장애, 부모의 일관적이지 못하거나 방관적인 양육방식 등)이 있다.
- **ADHD 아동을 도와주는 방법**으로는 아이가 마음껏 움직이고 에너지를 발산할 수 있도록 해주고, 책상 주변과 방안의 장식적 요소들을 아동의 청각 및 시각에 방해되지 않도록 없애거나 줄여주는 게 필요하다. 아낌없는 칭찬과 따뜻한 애정표현이 좋은 방법이지만, 잘못했을 때는 일관적인 규칙을 가지고 훈육하고 보상방법과 처

벌방법이 일관성을 유지해야 한다. 신경생물학적인 요인일 경우, 의학적인 약물치료나 전문가와 상담 치료해야 하지만 중요한 것은 교사의 체계적인 교수와 행동통제 전략에 의해서 아이의 행동이 향상되고 있음이 교육현장에서 지속적으로 보고되고 있으므로 교사와의 상담이 필수적이다.

31 자폐증상이 있어요

○○는 친구나 선생님과 이야기를 나눌 때 눈을 맞추지 않고 자기 하고 싶은 얘기만 계속하여 친구들을 당황하게 한다. 얼굴에 표정이 없고 어떤 때는 알아듣지 못할 반복적인 말을 계속 혼자 중얼거리거나 손가락을 펄럭거리고 가끔 복도에 나가서 기

둥에 머리를 반복적으로 받아서 피가 날 때도 있어서 선생님을 놀라게 할 경우도 있다. 공부시간에 자리에 없어서 엄마와 보람교사가 온 학교를 찾아 헤매다가 현관에 있는 수족관의 열대어를 꺼내어 바닥에 내팽개치는 ○○를 발견하기도 하였다.

위와 같은 사례와 같이 사회적 상호작용과 의사소통에 있어서 비정상적인 발달을 보이면서 활동과 관심 영역이 제한된 특성을 보이는 장애를 미국의 '장애인 교육법'에서는 자폐라고 하는 독립적인 장애 영역으로 분류하고, 현재 우리나라에서는 특수교육진흥법에 의해서 '정서장애' 범주로 분류하고 있다. 자폐는 인구 1만 명 중 약 2~5명의 출현을 보이며 남아가 여아보다 4~5배 더 높은 출현율을 보인다. 자폐의 원인은 뇌의 기능 이상으로 인해서 나타난다는 정도로 추정을 할 뿐 아직까지 확실하게 밝혀지지 않고 있다. 그러나 자폐장애의 특성을 최소화시키고, 환경에 적응할 수 있는 기술을 습득시

킴으로써 최대한의 교육적 효과를 보기 위한 노력
이 지속적으로 이루어지고 있고, 부모는 교사와의
상담을 통하여 학령기의 행복한 생활을 할 수 있도
록 도와주어야 할 책임이 있다.

32 학습장애가 있어요

○○는 받아쓰기도 잘하고 재미있는 이야기책도
잘 읽는다. 그런데 수학에서 계산문제만 나오면 쩔
쩔 맨다. 친구들과도 사이좋게 지내고 운동기능도
발달하여 친구들 사이에 인기도 높은 편이다. 선생
님은 이상하게 생각하여 엄마와 상담을 하였더니,
엄마도 이러한 현상을 이상하게 생각하고 있었다.
위의 사례와 같이 교사나 부모가 학습장애를 지
닌 아동들을 가장 먼저 발견하게 되며, 적절한 진단

과정을 거쳐 특수교육 서비스를 받도록 진단자료를 수집하거나 교육서비스에 협력하는 중요한 역할을 담당해 주어야 한다. 학습장애의 원인은 중추신경계의 기능장애, 유전적 요인, 환경적 요인 등이 있다. 학습장애를 갖고 있는 아동에 대한 조기발견은 정상적 성장과 발달을 위해서 매우 중요하다. 따라서 학습량이 적은 초등학교 입학 이전이나 늦어도 초등학교 저학년에서 학습장애 요인을 발견하는 것이 학습장애에 보다 효과적일 수 있다.

33) 부모 이혼 문제가 주는 증상이 있어요

○○는 부모의 이혼으로 불안, 분노, 걱정, 우울 등 다양한 부적응 정서를 가지고 있는 초등학교 1학년 학생이다. 정서적으로 믿었던 부모에게 배신당했

다는 생각을 가지고 있으며 '남은 부모가 나를 버리면 어떻게 하나?', '나를 누가 돌봐 줄 것인가?' 하는 걱정으로 두려워한다. 자기 때문에 부모가 이혼했다는 죄의식과 수치심을 느끼고 있었고, 친구들이 부모의 이혼 사실을 알까 두려워하고 있었다.

위의 사례와 같이 이혼 가정의 아동들은 대부분 정서적인 혼란을 겪는다. 따라서 부모는 아이에게 '이혼에 대한 개념화'를 이룰 수 있도록 도와주어야 한다. '이혼의 개념화'란 이혼이 무엇이며, 이혼이 발생하게 된 원인과 이혼 이후의 가족구성의 변화, 달라진 생활환경, 경제적 어려움, 엄마의 취업 등 앞으로 닥치게 될 미래에 대한 일들을 명확하게 알아 가는 것이다. 이혼에 대한 개념화가 이루어진 자녀는 개념화가 되지 않은 자녀에 비해 더 빨리 현실에 적응하고 자신의 생활에 안정될 수 있다.

6부 "자기충족적 예언으로 자신감 있는 아이로 키워 주세요"

34 피그말리온 효과를 사용해 보세요

지중해에 피그말리온이라는 젊은 조각가가 살고 있었어요. 외모가 볼품없는 그는 사랑에 대해서 체념한 채 조각에만 정열을 바쳤어요. 그러나 자신도 언젠가는 사랑을 얻었으면 좋겠다는 기대로 심혈을 기울여 여인의 나체상을 조각했지요. 그 조각은 누가 보더라도 완벽한 여인상이었고, 그는 정성스럽게 다듬어 갔어요. 시간이 지나면서 그 여인상에 대하여 사랑의 감정을 가지게 되었고 매일 꽃을 꺾어 여인상 앞에 바쳤어요. 어느 날 아프로디테 축제가 열리자 피그말리온은 신께 그 여인상을 사랑하게 되었노라고 아내가 되게 해달라는 소원을 간절히 빌었어요. 기도를 마치고 집에 돌아온 피그말리온은 여인상의 손등에 입을 맞추었어요. 놀라운 일이 벌어졌어요. 손에서 온기가 퍼지고, 따스한 체온이 느껴지는 사람으로 변해 가기 시작했어요. 피그말리온의 순수한 사랑을 받아들인 신이 그 조각을 아름다운 여인으로 만들어 주었던 것이지요. 조각상이 살아 있는 여인으로 변하자 피그말리온은 결혼을 하고 파포스라는 딸을 낳았어요.

교육학 용어 중에 이 신화에서 따온 '피그말리온 효과'라는 것이 있다. 교사가 어떤 학생을 '우수한 학생일 것이다.'라는 기대로 가르치면 그 기대를 받은 학생은 다른 학생보다 더 우수하게 될 확률이 높다는 이론으로 '자기충족적 예언'이라고도 불린다. 무슨 일이든지 기대한 만큼 이루어진다는 것을 말한다. 지극히 평범해 보이는 아이가 부모님의 한 마디, 선생님의 말씀 한 마디로 크게 분발해서 몰라보게 우수한 학생으로 변하는 경우가 있다. 부모가 관심과 기대를 갖고 칭찬을 해 주면 용기와 자신감을 갖게 되어 분발하는 것이다. 심리학에서는 이것을 '피그말리온 효과'라고 부른다. 초등학교에 아이를 입학시키는 부모님들은 피그말리온 효과를 잘 이해하여 내 아이에게 진심으로 기대와 신뢰를 줌으로써 자기의 꿈을 자신 있게 키워 가고 실현해 나갈 수 있도록 활용해 보세요.

35 로젠탈 & 제이콥슨은 실험에서 이렇게 놀라운 결과를 얻었어요

　미국의 교육학자인 로젠탈과 제이콥슨이 1968년 샌프란시스코의 한 초등학교에서 전교생을 대상으로 지능검사를 했다. 이 검사의 실제 점수와는 상관 없이 무작위로 뽑은 학생들의 명단을 해당 학교의 교사들에게 알려주면서 '지적 능력과 학업성취 향상 가능성이 높다고 객관적으로 판명된 학생들'이 라는 거짓정보를 주었다. 몇 개월 후에 이들은 다시 전체 학생들의 지능검사를 실시하여 처음과 비교하 였는데, 놀라운 점이 발견되었다. 명단에 속한 학생 들은 다른 일반 학생들보다 평균점수가 높을 뿐만 아니라 예전에 비하여 성적이 큰 폭으로 향상된 것 이다.

　위와 같은 결과가 나온 까닭은 명단을 받아 든

교사들이 그 아이들에 대한 지적 발달과 학업성적이 향상되리라는 기대를 가지고 정성껏 돌보고 칭찬한 결과 나타난 것이다. 그러한 관심을 받은 아이들은 선생님이 자신에게 관심과 기대를 보여주니까 공부하는 태도도 변하고, 공부에 대한 관심도 높아져 결국 능력까지 변하게 된 것이다.

처음에는 뭔가를 기대할 수 없는 상대가 아니었다 해도 마음속에서 믿고 행동함으로써 상대를 자신의 기대대로 변하게 만드는 신기한 능력이 바로 우리 마음에 있는 것이다. 어떤 사람을 변화시키기 위해 100번의 칭찬이 필요하다고 하면, 100번 칭찬을 하는 동안 전혀 변화가 일어나지 않을 수도 있다. 어린아이에게 글자를 가르칠 때 한동안 따라하지 못하다가 어느 한 순간부터 글자들을 알아보는 것처럼 믿음을 가지고 기다리면서 지속적인 칭찬을 하고 있으면 일순간에 그 칭찬에 대한 효과가 나타난다는 것이다. 내 아이에 대한 믿음과 기다림이 있다면, 긍정적 기대가 보여주는 엄청난 효과를 어느 부모든지 맛볼 수 있을 것이다.

36 샤피로의 플라시보 효과 도 활용해 보세요

마음의 힘에 관한 이야기는 '플라시보 효과'로도 설명이 된다. 플라시보(Placebo) 효과는 화학적 성분으로는 아무런 효과도 없는 가짜 약을 복용하면 증상이 호전되는 현상을 말한다. 실험에 의하면 환자의 약 35%에 이러한 효과가 난다고 한다.

왜 이러한 효과가 나는지 모르고 있다가 1978년 캘리포니아 연구팀이 그 이유를 알아냈다. 사랑니를 뺀 후 사람들에게 진통제와 플라시보(가짜 약)를 잇달아 주어 효과를 살펴보았다. 플라시보(가짜 약)를 복용한 사람의 1/3은 통증이 훨씬 가라앉았다고 보고했다. 이 연구는 플라시보를 진통제라고 의심 않고 믿는 바람에 뇌 속에 있는 엔돌핀의 진통작용이 일어났음을 보여주었다. 진통제라고 굳게 믿음은 '마음의 작용'이며 이를 통하여 플라시보가 뇌의 물질에 영향을 미친다는 점을 밝혔다. 따라서 부모들은 내 아이와의 굳은 신뢰관계를 유지할 수 있도록 평소에 일관성 있는 지도와 단단한 믿음의 반석을 만들어 나가야 한다.

37 머튼의 예화 도 자기충족적 예언의 예입니다

어떤 은행이 곧 파산한다는 소문을 퍼트렸더니, 은행 예금주들부터의 인출 급증으로 은행이 정말로 파산했다는 예화이다.

내 아이에 대한 부정적인 기대를 가지고 '네가 하는 일이 그렇지 뭐'라든지, '네가 하면 얼마나 잘 하겠니?' 등과 같은 부정적인 언어로 아이들에게 자주 얘기를 하면 결국 그렇게 되고 만다는 무서운 예화이다. 부모는 부정적인 기대가 섞인 말들을 아이에게 함부로 해서는 안 된다.

38 올포트의 전쟁기대론   예화도 있어요

상대 국가가 전쟁을 일으킬 것이라는 기대가 다른 한 나라로 하여금 전쟁 준비 상태에 들어가게 하고, 이러한 상황이 상대 나라에 전달되어 다시 무력 증대를 가져와 결국 전쟁이 일어난다는 예화이다.

위의 예화도 자기충족 예언의 한 예로서 초등학

령기 아동을 자녀로 두고 있는 부모들이 참고할 만한 이야기이다.

39 동물 학습 실험 에서도 증명되었어요

실험쥐를 아무렇게나 두 집단으로 나누어서 사육사에게 줄 때에는 한 집단은 '영리한 쥐'라고 하고, 다른 한 집단의 쥐는 '영리하지 못한 쥐'라고 말하면서 주었다. 사육사가 이 두 집단의 쥐를 대상으로 미로실험을 하였는데, '영리한 쥐'라고 말한 쥐들이 훨씬 더 미로를 빨리 정확하게 찾아가는 결과가 나왔다.

동물을 대상으로 미로학습 실험을 하는 데도 실험자의 기대가 높은 쥐들이 더 좋은 결과가 나온 것을 생각해 볼 때 부모와 교사들이 우리 아이들에 대한 긍정적인 기대를 갖는 자기충족적 예언을 하는 것이 얼마나 중요하고 필요한지를 더욱 크게 깨달을 수 있겠다.

7부 "내 아이는 어떤 사례와 비슷한지요?

이십팔 년 동안 매년 학급을 경영하면서 경험한 다양한 사례들을 소개하여 보고, 내 아이는 그중에 어떤 사례에 속하는지, 그리고 어떻게 부모나 교사가 도와주면 좋을지를 생각해 보는 시간을 가져보기로 한다.

40 결석을 자주 하는 산골 소녀 S 학생

오늘도 S 어린이는 학교에 오지 않았다. 그나마

등교한 학생 이십여 명도 아침부터 기운이 쭉 빠져 있다. 'S가 왜 학교에 안 왔니?'라고 소리쳐 물어보지만 아무도 대답하지 않는다. 숙제를 안 해 온 반장 J 군을 칠판 앞으로 불러내어 때리고 오후 수업까지 마친 다음 아이들을 따라서 산등성이 세 개를 넘어 S네 집으로 가정방문을 나갔다. 황토 흙벽과 멍석을 깐 방 앞의 작은 툇마루 위에 S 어린이의 빨간 책보자기만 뒹굴어져 있을 뿐 S 어린이는 보이지 않았다. 집집마다 대문 앞에 토굴 같은 담뱃잎 말리는 창고가 있었고, S 어린이는 부모님을 따라 담뱃잎을 따러 가고 없었다. 나를 데리고 산등성이를 넘었던 우리 반 아이들도 모두 책 보따리를 집어던지고 어디론가 금새 사라져 버렸다.

나는 뒤늦게 깨달았다. S 어린이가 왜 밥 먹듯 결석을 하였는지를, 착하고 공부 잘하는 반장 J 군이 왜 숙제를 못 해 오는지를, 우리 반 아이들이 왜 책가방이 아닌 책 보따리를 어깨에 메고, 허리에 차고 다니는지를, 우리 반 남자 아이들이 머리에 도장밥이 있고, 얼굴에 부스럼이 끊이지 않는지를, K 어린이 책 보따리 속에서 항상 빈 도시락 반찬통이 딸그락거리는지를, 왜 손등이 터서 두꺼운 채 다니는지를, 종금이가 하루에 세 번 올라오는 버스를 먼지가 보이지 않을 때까지 그토록 간절히 바라보고 있었는지를……

새내기 교사인 나는 그날 이후부터 숙제도 내주지 않았고, 숙제 안 해 온다고 때리지도 않았고, 결석한다고 뭐라 그러지도 않았다. 체육시간엔 학교 앞 개울에 가서 실컷 물장구도 치고 머리도 감기고 자갈돌로 두꺼운 손등을 밀어주고, 서캐도 뽑아 주고, 주황색 플라스틱 바가지를 엎어서 머리도 깎아 주었다. 우리 반 아이들은 그날 이후로 많이 행복했다. 우리끼리는 비밀이 있었다. '선생님은 교장선생님 몰래 우리들 눈높이 맞추어 우리가 원하는 것을 해 주신다.'

부모는 내 아이의 입장에서 생각할 수 있는 눈을 가져야 한다. 내 아이와 부모 사이에 공유할 수 있는 비밀이 있어야 한다. 그래야 신뢰가 쌓이고 자기 할 일을 스스로 찾아서 할 수 있는 힘이 생긴다.

(41) 섬마을 소년 J 군과 C 군 형제의 꿈

산골 마을 학교를 2년 만에 떠난 새내기 교사는 북한이 멀찌감치 보이는 서해에 있는 섬마을 학교로 발령받았다. 1학년 12명, 2학년 5명이 같은 교실, 같은 선생님에게 배우는 복식학급을 맡았다. 형 J 군은 2학년이고 동생 C 군은 1학년으로 형제가 나란히 한 교실에서 공부를 하는 것이다. 반장인 J 군은 착하고 무슨 일이든지 앞장서서 잘하는 학생이었다. 학교에는 10년이 넘도록 여선생님이 한 번도 안 오셨다고 했다.

그래서 무용을 어떻게 하는지를 모르고, 운동회 때에는 무용을 한 번도 해 본 적이 없다는 것이다. J 군과 C 군의 꿈은 운동회에서 무용을 해 보는 것이다. 그리고 공부를 잘해서 중학교는 인천에 있는 학교로 가서 방학이 되면 형들처럼 멋진 교복을 입고 섬에 찾아오는 것이다.

운동회 때 할 무용을 구성하느라고 여름방학 내내 마스게임 강습하는 곳을 찾아다니면서 연수를 했다. 학교에 돌아가서 1, 2학년 무용, 3, 4학년 무용, 5, 6학년 무용을 각각 구성하여 9월 한 달 내내 아이들과 연습하여 10월에 동네잔치를 벌였다. 아이들은 신이 났고, 공부도 더 열심히 했다.

부모는 아이들이 하고자 하는 것이 무엇인지를 먼저 파악하는 안목이 있어야 한다. 자기가 하고 싶은 일은 아무리 힘이 들어도 멍석만 깔아 주면 저절로 신명이 나서 열심히 하는 법이다. 내 아이가 무엇을 하고 싶어 하는지, 내 아이의 꿈이 무엇인지, 내 아이의 잠재된 소질과 능력이 무엇인지를 항상 주의 깊게 관찰하고 대화를 통하여 찾아낼 줄 알아야 한다. 그에 따른 지원을 아끼지 않으면 더할 나위 없이 행복한 일이 아닐까?

42 외동이 J 군은 발표를 잘해요

4학년 J 군의 부모님은 관광지에서 음식점을 하고 있는데 외동이 J 군이 자라는 모습을 보면서 행복하게 살아가는 분들이시다. J 군은 그분들에게 살아 있음에 대한 존재 의미 그 자체였다. 그런 J 군이 학교에서 의기소침해하고 친구들과 잘 어울리지 못해서 항상 근심이었다.

초등학교 4학년의 사회교과서는 저학년 교과서에 비해 글씨크기가 작아지고, 내용도 경기도와 관련된

보다 방대하고 많은 내용으로 구성되어 있다. 공부 방법도 조사하고 발표하는 시간이 많아진다. J 군은 의외로 조사하는 것을 좋아했고, 조사한 내용을 또렷한 말소리로 발표를 아주 잘했다. '발표박사'라는 칭찬과 보상으로 강화를 받은 J 군은 자기가 좋아하는 조사학습과 발표학습에 열심이었고, 그 후로 친구들과의 관계도 원활해졌으며, 자신감이 회복되어 학교생활을 즐겁게 하게 되었다. J 군은 자라서 훌륭한 초등학교 선생님이 되었다.

부모는 내 아이가 좋아하는 것이 무엇인지, 특히 잘하는 것이 무엇인지를 찾아낼 수 있어야 한다. 누구나 저마다 좋아하는 것이 한두 가지 있기 마련이다. 부모가 생활 속에서 내 아이의 보다 나은 끼를 찾아내는 일은 매우 중요한 일이다. 아이가 눈치채지 못하는 가운데 미래 진로까지 연결할 수 있는 지혜를 가져야 한다.

D 군은 도농복합도시의 외곽에 위치한 6학급 규모 학교에 다니는 농부의 아들이다. 공부는 중간 정도이지만 성격이 좋아서 친구들과 잘 어울리는 무던한 학생이었다. 항상 웃고 운동도 잘하고 여학생들에게 장난을 잘 치는 짓궂은 5학년 남학생이었다. 선생님을 잘 따르고 행복하게 학교생활을 하는 별로 관심을 두지 않아도 되는 학생이었다. 그러나 이 아이들은 교육 여건이 열악하고 문화적 혜택을 받지 못하는 아쉬운 부분이 있었다.

도시로 발령을 받았지만, 내가 맡은 아이들은 교육·문화적 수혜를 받지 못하는 농촌 아이들이었다. 일요일마다 사고 날까 두려워하시는 교장선생님 몰래 나는 몇 명씩 조를 짜서 지금으로 말하면 '현장체험학습'처럼 경복궁, 광화문에 있는 통신박물관,

민속촌, 과천 대공원, 남산타워 등을 전철, 버스와 같은 대중교통을 이용하여 데리고 다녔다. 우리 반 아이들 중에서 특히 D 군은 이런 프로그램에 감명을 받았고, 기억에 오랫동안 남았는지 어려운 여건에서 열심히 노력하여 조그마한 자영업을 하면서 그 후로 중학교, 고등학교, 새로운 직장, 여자친구 소개, 결혼식, 아들 탄생, 아들 돌잔치, 설날, 스승의 날, 추석, 계절이 바뀔 때마다 학교를 옮겨도 귀신처럼 찾아서 "선생님 D 군이에요. 건강하시지요? 예, 저는 행복합니다."라고 잊지 않고 전화해 주는 이 사회에 꼭 필요한 사람으로 잘 자라 준 고마운 제자이다.

부모는 내 아이의 안목과 지식을 구성시켜 주기 위해서 다양한 새로운 경험을 겪을 수 있는 기회를 제공해 주어야 한다. 세상을 살아가다 보면 수많은 어려운 문제에 직면하게 된다. 다양한 경험을 쌓은 아이들은 어려운 문제가 생겼을 때, 살아오는 동안에 축적된 지식과 경험 속에서 문제해결방법을 찾아낼 줄 안다. 그러므로 부모는 학교공부도 중요하지만 시간이 나는 대로 부모와 함께 현장체험학습을 할 수 있는 기회를 많이 가질 수 있도록 해야 한다.

44 달동네에서 동생을 데리고 사는 O 군

O 군은 키는 크지만 항상 얼굴에 마른 버짐이 펴 있고, 별로 말이 없는 6학년 남학생이다. 공부는 안 하는 것 같은데, 반에서 5등 안에 드는 것을 보면 머리도 좋고 수업시간에 딴 짓은 안하는 게 분명하다. 친구들 사이에서는 전혀 주목받지 못하는 아이였다. 한번은 O 군을 따라서 집에 갔다가 마음이 아파서 어쩔 줄을 모른 적이 있었다. 달동네 꼭대기

에 간신히 비를 면할 정도로 판자로 집이 버티고 있었고, 먹을 것이라고는 라면 몇 개, 쌀자루에 쌀이 한 움큼 있을 뿐이었다. 아버지는 멀리 지방으로 아파트 공사에 노동일 가셔서 한 달에 한 번쯤 오셔서 라면하고 쌀을 사 놓고 다시 내려가신다고 한다. 엄마는 집을 나가신 지가 몇 년 되어서 어린 것이 초등학교 2학년인 남동생을 데리고 근근이 살아가고 있었다.

그 후로 가끔 반찬통을 가지고 가서 O 군의 가방 옆에 놓아두고 문제집도 가방 속에 몰래 넣어 두곤 하였다. 몇 분의 다른 학부모께서 O 군 모르게 쌀도 사 놓으시고, 옷도 사 주시곤 하였다. O 군은 성적이 더 올라서 졸업할 때에는 큰 상도 받았다. 그 후로 서로 소식을 몰랐었는데, 어느 날 웬 키가 큰 아저씨가 우리 교실로 찾아와서 "안녕하세요. 선생님, O 군입니다."라고 하는 것이었다. 전혀 알아볼 수 없을 정도로 건장한 청년이 되어서 내 앞에 서

있었다. 우리 학교 근처에 있는 중장비 공병부대에 직업군인 부사관으로 근무하고 있는데, 스승 찾기 프로그램에서 찾아서 인사드리러 왔다고 하였다. 많은 고생을 하였지만 금호공고에 장학생으로 가서 오늘날 결혼도 하고 아들도 둘이나 낳고 집 나가셨던 어머니도 모시고 잘살고 있다고 하였다.

부모는 내 아이에게 나보다 어려운 형편에서 살아가는 친구들을 돌보고 친절하게 대할 줄 아는 베풀고 배려하는 마음을 키워 줄 수 있어야 한다고 생각한다.

45 튀김 닭을 배달하는 S 군

S 군은 6학년 남학생인데, 내가 담임하기 전까지는 별로 두각을 나타내지 않은 학생이었다. 일기지

도에 중점을 두어 꼬박꼬박 학생들과의 일기장을 통한 상담과 의사소통관계를 유지하였는데 S 군이 가장 큰 효과를 본 사례이다.

S 군은 항상 일기장에 세상을 향한 비판, 불만, 하소연 등을 숨기지 않고 토로하곤 했다. 그에 대한 교사의 생각을 S 군 입장에서 1년 동안 일기장에 써 주었다. S 군은 자신감이 생기고, 급기야 학업성취도 평가에서 반 1등을 넘어서 졸업식에서는 교육장상을 받았다.

S 군의 어머니는 작은 아파트 단지 상가에서 튀김 닭 집을 하셨다. 방과 후에는 어머니를 도와 튀김 닭을 배달하였는데, 잠옷 차림으로 배달을 받는 젊은 엄마들에 대한 불만이 담긴 일기 내용이 있었다.

'조금만 걸으면 튀김 닭을 사 갈 수 있는데, 귀찮아서 배달을 시키는 여자들이 미워요. 내가 자라면 절대로 이런 여자와는 결혼하지 않을 거예요.'

나는 이렇게 써 주었다. '그런 여자가 있기 때문에 어머니가 장사를 할 수 있고, 네가 어머니를 도와드릴 수 있는 거야. 생각을 달리하면 오히려 고마운 게지. 게으른 것에 대한 책임은 그분이 지실 거야. 너는 단지 엄마를 도와 조심해서 배달을 많이 하면 되는 거야.

우리 S 군 파이팅!'

부모는 내 아이의 어린 시절, 자기의 생각을 글로 표현하는 일기 지도를 일관성 있게, 지속적으로 해 주면 좋다. 아이가 일기 쓰는 일을 힘들어하는 만큼, 부모도 귀찮고 힘든 것을 참아 가며 꾸준히 일기 지도를 하면, 고학년으로 올라가면서 자연스럽게 손을 놓아도 일기는 자기의 마음을 토로할 수 있는 중요한 수단으로 자리잡을 뿐만 아니라 자기의 생각을 글로 잘 표현할 수 있는 능력이 습득된다.

46 우리 선생님은 미친년

　J 군은 3학년이 되어서 운이 없게도 신심이 깊으신 K 선생님 반이 되었다. 그 아이는 아파트 건축을 위해 철거해야 하는 판자촌에서 항상 술에 취해 있는 아버지와 단둘이 살고 있었다. 급식을 안 하던 시절이었기 때문에 잘 먹지 못해서인지 또래 아이들에 비해 체구도 아주 작은 편이었다. 물론 학습력도 크게 부진하였다. 학교가 끝나면 고삐 풀린 망아지처럼 여기 저기 뛰어다니다가 피곤해서 쓰러지는 곳이 잠자리였다. 세수도 안 한 채 학교에 오면 오는 것이고 오기 싫으면 안 오는 아이였다. K 선생님은 미술도구를 준비하여 어느 날부터 J 군을 방과 후에 잡아놓고, 그림을 그리게 하였다. 반찬도 싸 주고, 간식도 먹이고, 집에 데리고 가서 씻겨 주기도 하는 등 J군은 제 모습을 찾아 가고 있었다.

하지만 천방지축 제 마음껏 다니던 아이가 선생님에게 붙잡혀 그림이나 그리고 있으려니 속에서 천불이 났는지, '우리 선생님은 미친년, 우리 선생님은 미친년……' 하면서 기회만 있으면 도망가려고 했다. 결석도 해 보지만 K 선생님에게 붙잡혀 오곤 하였다. 그러한 세월이 몇 개월 흐르는 동안 J 군은 그림그리기 대회에서 상을 받기 시작했고 달라져 갔다. 감동받은 아버지는 술을 끊게 되었고, 가출한 엄마가 다시 돌아오는 등 한 가정을 온전하게 만들었다.

K 선생님은 화가도 아니었고, 그저 그림 그리기를 다른 사람보다 조금 더 좋아하는 분이시다. 그 당시 마땅히 시킬 것이 없어서 그림을 그리게 했던 것이다. 그때는 미술치료가 있는 줄도 몰랐던 시대이다. 그러나 결과적으로 J 군은 미술치료를 받은 것이다. 그림을 통하여 자신의 불만을 표현하였고, 기쁨도 슬픔도 발현하면서 자기의 감정을 다스리고

통제해 가면서 제자리를 찾아갔던 것이다.

부모는 가끔은 내 아이의 그림에서 메시지를 읽을 수 있어야 한다.

47 분노를 조절하지 못하는 H 군

H 군은 4학년 남학생인데, 자기 생각대로 되지 않으면 매우 공격적으로 변한다. 체육시간에 공 던지기 놀이를 할 때, 공이 자기에게 오지 않으면 짜증을 내고, 어쩌다 공을 잡게 되면 아이들이 무서워할 정도로 있는 힘을 다하여 상대편에게 공을 던짐으로써 자기의 분노를 표출한다. 자연스럽게 친구들은 그 아이를 피하게 되고, 친구들에게서 외면당하는 H 군은 더욱더 공격적이 되어 갔다. 어머니의 걱정은 쌓여만 갔다.

다행스럽게도 H 군은 발표를 큰 소리로 잘하는 아이였다. H 군이 손을 들 때에는 언제나 발표기회를 주었고, 그때마다 칭찬과 강화를 통하여 자신감을 회복시켜 주었다. 선생님에게 인정받고, 부모님의 칭찬을 계속 받고 싶어서 과제도 열심히 잘해 오고, 월말평가 성적도 점차 오르는 결과를 맛보면서 자기 만족감으로 H 군은 친구들과도 원만하게 잘 지내게 되었다.

내 아이가 **분노를 잘 조절하지 못하거나 공격성을 지나치게 표출할 경우, 부모는 그 아이의 채워지지 않은 욕구가 무엇인지를 찾아내고, 충족하도록 여건을 만들어 주어야 한다.** 또한 잘하는 행동에 대해서는 일부러 찾아서라도 칭찬하고 토닥거려 줌으로써 욕구 충족감 및 만족감을 자주 경험하도록 해 주어야 한다. 정도가 아주 심할 경우에는 전문가와의 상담이 필요하다.

48 D 군은 마마보이

 D 군의 어머니는 하나밖에 없는 자식을 위해 무엇이든지 다하는 희생적인 분이셨다. 경제관념을 키워 주기 위해서 용돈을 은행에 넣어 관리할 수 있도록 통장을 만들어 주고, 매주 정성스레 김치를 갖가지 담아서 담임선생님 집 현관 앞에 몰래 갖다 놓고, 매 학년마다 교실 환경정리는 혼자 다 하는 등 할 수 있는 정성은 다 하는 분이었다. 그뿐만 아니라 아침에 준비물도 들어다 주고, 책가방도 싸 주고, 옷도 코디하여 입혀 주었다. 그렇게 함으로써 어머니는 고단하기보다는 마음이 편했고 뿌듯하였다.

 그러한 어머니의 정성과 희생은 오히려 D 군의 홀로서기를 방해하였다. 5학년이나 되었지만 나약하였고, 무엇이든지 엄마에게 물어보고 하고, 친구관계에서도 항상 소극적이었다. D 군 어머니는 아들을 '마마보이'로 키운 것이다.

내 아이가 **홀로서기를 할 수 있도록 때로는 냉철한 부모가 되어야 한다.** 온실 속에서 자란 화초가 어떻게 한여름의 땡볕에서 살아남을 수 있기를 바라는가? 내 아이가 세상의 중심에 서서 자신 있게 살아가기를 바란다면, 자갈밭에서도 돋아나는 잡초를 생각해 보시기를…….

49 늦둥이 O 군

결혼하여 10년이 넘어 얻은 늦둥이 O 군이 초등학교 1학년에 입학하는 날, 할머니, 할아버지, 아버지, 어머니 온 가족이 참석하여 담임교사에게 90도로 인사하였다. 예사롭지 않은 일이었다. O 군은 공동생활에서 무엇이든지 자기 마음대로 하였다. 뜻대로 되지 않으면 주먹을 휘두르고, 큰 소리로 울어서 교실을 한바탕 뒤집어 놓는 일이 다반사였다.

O 군이 주먹을 휘두를 때에는 처음부터 단호하게 그래서는 안 된다는 것을 지도하였다. 큰 소리로 울거나 말거나 전혀 관심을 기울이지 않았다. 그러자 아침에 학교에 가지 않겠다고 떼를 써서 엄마를 당황하게 만들곤 하였다. O 군의 강력한 지원자인 할머니를 모셔서 당분간 O 군의 표출되는 행동에 관심을 갖지 않으시도록 도움을 청했다. 엄마도 절대로 꾸중하시면 안 된다고 부탁을 드렸다. 일주일 가까이 떼를 쓰더니 점차로 떼쓰는 행동이 줄어들게 되었다. 한 달 정도 지나서는 학교에도 혼자 잘 나오고, 친구들과도 양보하며 잘 놀고, 공부시간에 집중도 잘하게 되었다.

O 군의 독단적인 행동이 없어진 것은 할머니와 부모님의 과보호가 제거된 결과이다. 아무리 떼를 써 보았자 힘만 들 뿐 통하지 않는다는 사실을 알

아차린 것이다. 이렇듯 어떤 환경에서든지 **내 아이를 잘 자라게 하기 위해서 부모는 마음이 아프지만 때에 따라서는 단호하게 지도해야 할 필요가 있다.**

50 홀트학교로 간 S 어린이

S 어린이는 학급친구들보다 세 살이나 위인 정신지체 2급 장애를 가지고 있는 2학년 여학생이다. 장애를 가진 학생은 학구에 살지 않아도 가고 싶은 어느 학교에나 갈 수 있었다. 그래서 S 어린이의 어머니는 딸을 자연친화적이고, 학급재적수도 적은 ○○학교로 전학을 시켰다. 다른 아이에 비해서 키도 크고 여학생이기 때문에 자랄수록 화장실에 가는 문제가 가장 큰 걱정거리여서 어머니는 매일 학교에 같이 다녔다. 딸로 인해 담임교사의 손을 제대로 받지

못하는 일부 아이들에게 보상이라도 하듯 학급 경영에 도움을 주는 보조교사 역할을 일 년 동안 하였다. 다행히 아이들은 S 어린이를 보살피고, 항상 챙기는가 하면 S 어린이 또한 해맑고 행복하게 학교생활을 하였다. 마침 인근에 있는 홀트학교에 자리가 생겨서 S 어린이는 일 년 동안의 아름다운 추억과 경험을 간직한 채 아쉬운 이별을 하였다.

"너희들은 복이 많은 사람들이다. 왜냐하면 S 어린이가 우리 반에 있어서, 살아가는 동안 S 어린이와 비슷한 사람을 가까운데서 보게 될 경우, 어떻게 해야 하는지를 미리 배워서 알고 있으니까 잘 행동할 수 있지 않겠니?" S 어린이가 우리 반이 되어서 이렇게 좋은 점이 있다고 아이들에게 알려주었다.

부모가 내 아이에게 변화되기를 원하는 행동이 있을 때는 '그렇게 행동하면 어떤 점이 그와 관련이 있고 그에게 도움이 되는지'를 말해 주는 지혜를 가져야 한다. 다시 말해서 변화되기를 원하는 행동과 내 아이와의 관련성을 주어야 한다.

51 우리 아빠는 대처 스님이세요

S 어린이는 학교생활을 최선을 다하여 열심히 하는 6학년 여학생이지만, 중요한 순간에 움츠려 들며 쉽게 나서려고 하지 않는 성향을 보였다. 나는 S 어린이의 학급에 미술교과 전담교사로 일주일에 2번 교실에 들어가고 소규모 학교라서 자주 복도나 계단에서 마주치는 정도였다. 친구들과도 잘 지내고 자기 할 일도 잘하는 학생이었지만 항상 어두운 면이 그 아이를 따라다녔다.

그림도 잘 그리고 만들기나 꾸미기도 참 잘하는 S 어린이를 칭찬하고, 높은 수행평가 점수를 주는 것은 당연한 일이었고, S 어린이는 무척 만족해하였다.

담임교사는 아니지만 볼 때마다 관심을 보여주고, 반가워해 주고, 도닥거려 주고 자주 속에 있는 이야기를 나누었다. 어느 날 S 어린이 어머니가 찾아와서 "우리 아이 아버지는 대처 스님이십니다. 친구들이 아는 것을 싫어하는 아이를 보면서 마음이 아팠는데, 선생님께서 해 주시는 말씀들이 자신감을 주고 자기의 생각이 잘못되었음을 알게 됐다고 합니다."라고 하면서 고마워하셨다.

부모는 내 아이에게 가정이 처한 환경을 정확하게 설명하고, 이해할 수 있도록 얘기해 주는 지혜가 필요하다.

52) S 학생이 가출했어요

S 어린이가 결석하였다. 옆 반의 친구 현진이도

학교에 오지 않았다. 등굣길에 다른 아이들이 두 아이를 보았다고 하니 더 문제였다. 부모님께 전화해 보니 평소 때와 마찬가지로 아침에 학교에 갔다는 것이다. 저녁이 되어도 아이들은 돌아오지 않았다. 가출을 한 것이다.

S 어린이의 오빠는 인근 중학교 '일진회'의 일원이라고 한다. S 어린이의 오빠도 결석을 하였고, 그날은 우연히도 ○○공원에서 일진회들이 모이는 날이라고 하였다. 교장선생님은 당장에 경찰서에 아이들을 신고했다. 이유는 오빠 따라서 일진회 모임에 갔다는 것이다. 저녁 늦게 집으로 걸려 온 공중전화 위치를 경찰들이 추적해 보니 서울 모 장소였다. 어쨌든 일진회 모임에 가지 않은 것이 확실해서 그나마 다행이었다. 교장선생님과 담임교사, 부모님은 심야좌석버스 정류장에서 머리를 노랗게 물들이고 파마를 한 두 아이를 맞이하였다. 밤늦게까지 일하시는 부모님의 아이들에 대한 무관심은 아들과 딸

의 가출로 이어졌다.

아무리 어려운 환경에 처할지라도, 내 아이에 대한 부모의 관심과 걱정은 다른 어떤 일보다 우선되어야 함을 깨닫게 하는 사례이다.

53 선생님, H가 자퇴하려고 해요

"선생님, 제 아들 H를 도와주세요. H가 자퇴하려고 해요. H가 선생님을 찾아요." 청천벽력 같은 소리였다. 몇 해 전 6학년 때 담임했던 부모의 이혼으로 힘들어하는 머리 좋고 과학을 좋아하던 H 가 고등학교에 가서 어려움을 겪고 있다는 엄마의 전화였다.

내가 담임하는 동안에 부모님이 이혼을 하게 되어 몇 번의 상담을 한 기억이 있다. 아이는 H 군 하나였는데, 그 후에 H의 힘겨운 방황을 누구도 도와주지 못한 것이다. 부모가 자신들의 어려운 상황에만 고민을 하고 있는 사이에 H 군은 이미 나쁜 친구들과 어울려 새로운 세계의 경험들을 통하여 자신의 고통을 잊으려 했고, 부모에 대한 무언의 저항을 한 것이다.

자식 농사는 때를 놓치면 그만이다. 일이 그르쳐진 뒤에는 회복하기 어렵다. 그래도 늦었다고 생각할 때가 가장 빠른 것이다.

54) 선생님, 우리 J는 인문영재예요

J 군은 다른 아이들보다 유난히 머리가 짱구인 2학년 남학생이다. J 군의부모님께서는 "선생님, 우리 J는 인문영재예요. 유치원에도, 학원에도 안 가고 학교에 들어왔어요. 지금 고등학교 과정을 집에서 엄마하

고 공부하고 있어요."라고 상담을 해 오셨다.

　EBS방송 프로그램을 매일 보면서 초·중·고등학교 학습내용을 모두 이해하였다고 한다. 책도 어려운 책을 읽고 학교도서관에 가서 북한 관련 도서, 백과사전 등 또래 아이들이 보지 않는 글자도 작고 내용이 많은 책을 1시간 내내 보곤 했다고 한다. 발표내용도 깜짝 놀랄 정도로 다른 시각에서 말하고, 친구들의 질문에 대한 답변도 한 번에 이해하도록 명쾌하게 해 주었다. J 군은 확실히 다른 아이들하고는 달랐다. 문제는 또래 친구들과 잘 어울리지 못하는 사회성이 부족한 것이다. 다른 면에서는 어린 아이면서 인지적인 면에서는 다른 세계인 J 군을 어떻게 교육할 것인지가 부모님의 큰 걱정이었다.

　이런 특징을 가지고 있는 아이의 부모는 전문상담가와의 상담을 통한 진단 및 검사를 하고, 그에 따르는 적절한 학습내용을 안내받고, 도교육청이나 지역교육청 단위로 운영하는 다양한 영재반 프로그램을 활용할 수 있어야 하겠다.

55 H는 청각장애가 아니거든요?

H 군은 다른 친구들에 비해 목소리가 유난히 큰 1학년 남학생이다. 수업시간에는 다른 학생들에 비해 주의집중력이 많이 떨어지고, 선생님이 하라는 것을 하지 않는 경우가 대부분이어서 짝꿍의 도움을 받을 때가 많다. 선생님이 보기에는 소리를 잘 알아듣지 못해서인 것 같지만, 어머니는 절대로 청각장애가 아니라는 것이다.

H 군의 형은 3학년인데, 어릴 때부터 보청기를 꼈다고 한다. 그래서 H 군의 가정은 텔레비전 볼륨이 항상 크고, 형에게 말하듯이 H 군에게도 크게 말하는 환경이었다. 발달과정에서 H 군의 청각은

그러한 환경에 적응된 것이다. H 군은 독서력이 매우 왕성하다. 가방이 무거울 정도로 읽고 싶은 책을 매일 가지고 다니고 하루 온종일 학교에 있는 동안은 거의 책을 읽기 때문에 다른 친구들에게 피해를 주는 일은 없다. 단지 더불어 살아가는 단체생활에 어울리지 못해서 학교생활이 불편하고 담임교사의 주의를 항상 받아야 하기 때문에 학급운영을 원활하게 하는 것을 어렵게 한다.

자녀 중에 장애가 있는 경우, 부모는 다른 형제, 자매가 어려움을 겪지 않도록 어려운 가운데서도 세심한 배려와 주의를 기울일 수 있으면 좋겠다. 정상적인 다른 자식들까지 챙긴다는 것이 상당히 어렵겠지만 그렇게 할 때, H 군과 같은 사례를 줄일 수 있을 것이다.

56 어머니, J 군은 ADHD 경향성이 있어요

초등학교 1학년 J 군이 등교하면 아침공부 프로그램인 '글씨 바르게 쓰기' 활동으로 조용했던 교실이 한바탕 뒤집어진다. 짝꿍은 물론 앞뒤 친구들에게 참견하고 장난 걸고 계속 부산스럽게 돌아다니고 떠드느라고 아침공부를 제대로 한 적이 없다. 공부시간에도 마찬가지이다. 인지력은 뛰어나서 받아쓰기, 수학 등 학업성취력은 매우 높은 편이다. 어머니에게 J 군의 충동성, 산만성, 주의력 결핍 등을 설명하고 ADHD 경향성을 말씀드렸지만 인정하지 않으셨다.

이러한 행동 특징은 학교에서뿐만 아니라 가정에서도 발현되고 유치원을 거쳐 왔기 때문에 이미 부모님도 알고 있을 텐데, 학습내용을 잘 따라 오기 때문에 인정하지 않는 경우가 많다. 교사도 물론 부모님이 상처받지 않도록 완곡한 표현으로 진지하게 상담을 해야 하겠지만, **되도록 조기에 원인을 진단**하여 내 아이를 도와주는 것이 보다 현명하다고 하겠다.

57 2학년 J 군은 미국에서 6개월 공부하고 왔어요

J 군은 부모님을 따라 1학년 1학기를 마치고 6개월 동안 미국에서 공부하다가 2학년에 들어왔다. 처음에는 아는 친구가 없어서인지 학교생활을 잘하려고 노력하는 모습이었다. 학습 면에서 수학교과는 잘하는데 국어교과 학습은 매우 어려워하였다. 차츰 학습에 대한 흥미를 잃기 시작하더니 친구들과 자주 싸우고 장난을 치는 등 부적절한 행동을 보이기 시작했다.

문화, 언어적으로 매우 다른 환경에서 6개월 정도 생활하다가 또다시 새로운 환경에 적응한다는 것은 2학년 J 군에게 힘든 경험이다. 요즘은 이러한 사례들이 많은데, **부모들은 환경에 적응할 때까지 특별히 시간과 관심을 기울여서 아이를 도와주어야 한다.** 아이의 적응을 인내심을 가지고 기다려 주고 도와주어야 하는 중요한 이유는 초기에 적응이 안 되었을 경우, 정서적 불안과 더불어 행동장애로 연결되어 학습장애까지 유발할 수 있기 때문이다.

58 우리 부모님은 맞벌이 부부

"선생님, 우리 반 C 군이 8시가 넘도록 캄캄한 놀이터에서 혼자 놀고 있을 때가 많아요. 남의 일 같지 않아 걱정되어서 전화했어요."라고 다른 학부모님이 연락을 주셨다. J 군은 2학년 남학생으로 외동이인데, 부모님이 맞벌이를 하신다. 아침 일찍 출근하여 엄마까지 밤늦게 퇴근하는 때가 많다고 한다.

비록 학원에 가서 어느 정도 시간까지는 지내지만 밤늦게까지 두 분이 오지 않을 경우, 아이는 방치되는 것이다. 이러한 경험이 쌓이게 된다면, 아이에게 좋지 않은 영향을 미친다는 것은 새삼 말할 필요가 없다. 부모가 모두 직장에 나가는 경우, 특히 저학년 아이들은 방과 후 시간을 혼자서 방황하지 않을 수 있도록 철저하고 세심한 장치가 마련되어야 한다.

59 L 어린이는 분리불안을 이겨냈어요

L 어린이는 공부도 잘하고, 글쓰는 능력이 뛰어나

고, 그림도 잘 그리는 우수한 학생이다. 그러나 분리 불안증으로 마음이 많이 아팠던 적이 있었다. 심리 학자들은 분리불안을 애착장애라고 말하기도 한다.

어느 날 복도 한 귀퉁이에서 L 어린이와 엄마가 실랑이를 벌이고 있었다.

L이 엄마와 떨어지지 않으려고 해서 학교까지 데려왔는데, 교실에 들어가지 않으려고 한다는 것이다. L을 잘 달래 보았지만 막무가내였다. 그날은 교실에 가방을 놓아 둔 채로 기어코 엄마를 따라 집에 가버렸다.

L 어린이의 뜻밖의 행동은 계속되었다. 공부도 잘하고 친구들과도 잘 지내며, 단정하고, 착해서 어느 한 가지 나무랄 데 없는 L 어린이가 왜 갑자기 이상 행동을 보이는 것일까? L 어린이의 아픔은 2년 전으로 거슬러 올라가 유치원 시절에서부터 이미 시작되어 있었다.

L 어린이에게 상담활동 중에 가장 슬펐던 일을

그림으로 그려 보라고 하였더니, 유치원 길 앞에 앉아서 엄마의 손을 잡고 울고 있는 모습을 그렸다. 그림을 보신 엄마는 하염없이 눈물을 흘리면서 '유치원 주변의 모습, 안 떨어지려고 발버둥 치던 모습, 나무' 등이 그 당시의 모습과 똑같다고 말하였다. 그 충격이 이렇게 오랫동안 마음 깊이 자리잡을 줄은 몰랐다고 하였다.

L 어린이가 여섯 살이 되던 해, 엄마는 L이 다 자랐다고 생각하고 예전에 다니던 직장을 다시 나가셨다. 그런데 엄마와 떨어지지 않으려는 L의 반응은 생각했던 것보다 매우 심했다. 엄마는 그러한 L의 반응을 대수롭지 않게 생각하고, 심하게 거부하는 L을 유치원에 억지로 떼어 놓고 출근하였다. 그해 5월쯤, L 어린이는 유치원에 다니는 것을 그만두어야 했고 엄마는 그토록 다니고 싶었던 직장에 사직서를 낼 수밖에 없었다. 신뢰가 형성되지 않은 상태에서의 엄마와 떨어졌던 시간은 L에게 평생

동안 씻지 못할 상처를 주고 말았다. 그 후 L은 유치원에 다니지 않고 엄마와 함께 가정에서 잘 지냈다고 한다.

그러나 초등학교에 입학하여 또 문제가 시작된 것이다.

학교 현관까지는 잘 오는데, 교실에 들어가지 않고 엄마를 못 가게 하는 것이었다. 엄마와 떨어지지 않으려는 L의 분리불안 행동이 나타난 것이다. 엄마와 함께 다니는 학교생활이 되었다. 그렇게 한 달 정도 같이 등교하는 과정에 친구들을 사귀게 되면서부터 자연스럽게 친구들과 등하교하는 생활이 형성되었다. L은 언제 그랬느냐는 듯이 학교생활에 잘 적응하였다.

L은 아파트 입주로 인해 우리 학교로 전학을 왔다. 조심스럽게 잘 다니고 있었는데 5월에 갑자기 엄마와의 분리불안 증세가 또 나타난 것이다. L과 엄마의 마음고생이 또 시작된 것이다. 7세 이전의 경험이 한

개인의 성격 형성에 중요한 영향을 끼친다는 프로이드의 주장처럼, L의 엄마에 대한 불신이 항상 도사리고 있다가 어떤 자극만 있으면 밖으로 표출되는 것이었다.

약 6개월 동안 매주 목요일에 소아정신과에서 놀이치료를 병행하면서 L을 위한 엄마와 교사의 노력은 계속되었다. 나는 L의 엄마에게 교실 뒤에 의자 하나를 준비해 드렸다. 우리는 L을 수용하고, 공감하고 기다리자고 약속하였고, 수진이 엄마는 매일 L과 함께 등하교를 하였다. 좀처럼 호전되지 않는 L을 보고 엄마와 나는 때로는 실망도 하고, 서로 용기를 주기도 하고 잘해 보자고 격려하였다.

그해 10월 쯤 L 어린이는 '엄마와 선생님에게 죄송하여서 빨리 자기 마음이 편안해졌으면 좋겠다.'고 일기장에 쓰기도 하면서 스스로 마음을 다스리려고 노력하였다. 12월이 되면서부터는 교문 앞까지만 데려다 주고 가셨다.

오늘은 마침 L의 생일이다. 어제 친구들에게 초대장을 주던 L은 많이 행복해 보였다.

지금 학교 현장에서는 L처럼 마음이 아파서 고생하는 학생들이 많이 있다. 여러 가지 원인이 있겠지만, 첫째로 국가·사회적으로 지원되는 '체계적인 부모교육'이 부재하다. 학부모를 상담해 보면, 대부분 이다음에 자라서 이러한 사람이 되었으면 좋겠다는 막연한 바램은 가지고 있으면서도 어떻게 내 아이를 대해야 하는지에 대한 방법적인 면은 모르고 있다. 둘째로 사이버공간에서의 생활이 주는 인간소외감과 고립감들로 인한 자아정체성의 불안 등을 얘기하고, 위로받으며, 해소할 수 있는 '종합적인 학교상담망'의 부족하다. 마음이 이상하고 어찌할 수 없을 때, 달려갈 수 있는 곳이 없는 것이다. 다른 곳에서 해결책을 찾고, 좋지 않은 방법으로 해소하다 보니 비행, 폭력, 약물중독 등의 문제행동으로까지 표출되는 것이다.

발생된 문제를 해결하는 데 예산과 정책 추진 에너지를 사용하기에 앞서, 보다 전문적이고 시스템적인 부모교육의 실시와 학교 내의 전문상담교사, 지역교육청의 전문상담순회교사, 학부모자원봉사 상담사, 지역사회 전문상담유관기관, 전문상담치료기관 등을 연계한 종합적인 학교상담망 구축을 통한 학교상담실의 활성화 방법이 심도 있게 논의되고 정책적으로 추진된다면 '마음이 아픈 우리 아이들'이 보다 행복한 학교생활을 할 수 있으리라고 생각한다.

　　부모는 내 아이를 위해서 상담과 관련된 책을 읽거나 연수를 받는 것이 필요하다.

60 프리맥 원리를 이용해 보세요

프리맥 원리란 어떤 행동을 잘하도록 강화하기 위하여 아이가 더 좋아하는 행동을 사용하는 것이다. 예를 들면, 만화책을 좋아하는 아이에게 위인전을 많이 읽도록 하고 싶을 때, 처음에는 위인전을 5분 읽으면 만화책을 20분 읽게 하고, 다음에 위인전을 10분 읽으면 만화책을 25분 읽게 하고, 나중에는 똑같이 각각의 책 읽기에 20분씩 시간을 준다. 결국 아이는 위인전을 읽는 데 흥미를 느껴 주어진 시간 내에 위인전 읽기를 마칠 수 있게 되는 것이다.

프리맥 원리는 아이마다 보상 역할을 하는 것이 다르고, 변할 수 있기 때문에 자녀를 주의 깊게 관찰하여 좋아하는 대상이나 활동을 잘 알아두어야 한다. 그래서 상황에 따라서 아이가 가장 좋아하는 것으로 보상하여야 효과가 높다.

61 벌은 이렇게 사용하세요

- 벌받을 행동이 일어난 **직후**에 즉시 주세요.
- 가능한 한 **강한 벌**을 주세요.
- 벌을 피할 수 있는 상황이 제공되어서는 안 돼요(눈물, 손을 싹싹 빌기 등이 후회해서라기보다 벌을 피하려는 목적으로 사용될 경우 앞으로 계

속 반복될 수 있음).

62 바람직한 모델 행동의 관찰 기회를 제공 하세요

관찰학습은 반두라라는 학자가 실험하였는데, 외국어 회화, 운동기능 등 새로운 것을 가르치고 싶을 때 좋은 모델 행동이나 자료를 먼저 눈여겨보고 모방하도록 하는 것이다. 때로는 바람직하지 않은 공격적 행동을 주의 깊게 관찰했을 경우, 공격적 행동을 모방하여 행동으로 옮길 수도 있다.

주로 모델의 대상은 부모, 손위 형제, 연예인, 교사 등이 될 수 있다. 부모나 형의 책 읽는 습관이나 운동하는 습관이 아이에게 좋은 모델로 평소에 관찰된다면 자녀도 자연스럽게 책 읽는 습관이나 운동하는 습관이 형성될 수 있다.

63 아! 이젠 알았다 같은 '아하 경험'을 주세요

'아하! 경험'을 주는 학습을 쾰러라는 학자는 침팬지를 대상으로 실험하여 통찰학습이라고 하였다. 쾰러는 높은 천장에 침팬지가 좋아하는 바나나를 매달아 놓고 침팬지가 따먹는 행동을 관찰하였다. 처음에는 바나나를 따먹으려고 폴딱폴딱 뛰기도 하고 시행착오적 행동을 하였지만 실패하였다. 한참 동안 가만히 주변을 살펴보던 침팬지가 구석에 있는 상자를 끌어다 놓고 별안간 올라가 바나나를 따먹었다. 다음 날 다시 우리 안에 들여보냈을 때는 바로 상자를 끌어 놓고 바나나를 따먹었다. 또 다른 침팬지는 바닥에 있는 막대기를 들고 상자 위에 올라가기도 하였다. 어느 침팬지든지 처음에 문제를 해결할 때까지는 시간이 많이 경과하였지만, 두 번째 시도할 때부터는 즉시 해결하는 것이었다. 처음에는 바나나, 상자, 막대기가 서로 관련이 없었지만 침팬지가 주변을 살펴보다가 어느 순간 관계성을 파악하여 생각이 바뀌게 된 것이다. 통찰을 통하여 '아! 이젠 알았다.'와 같은 경험을 한 것이다.

64) 다양한 체험학습기회를 주세요

삐아제라는 학자는 동화작용, 조절작용, 평형화 작용을 통해서 지식이 구성된다고 말하였다. 어느 부부가 아이를 데리고 동물원에 갔다. 아빠 어깨 위에 탄 아이는 여기저기 구경하면서 신이 나서 소리쳤다. "아빠, 멍멍이 좀 봐." 깜짝 놀란 아빠는 "저게 왜 멍멍이야 사슴이지."라고 가르쳐 주었다. 조금 후에 또 "아빠, 저기 멍멍이 좀 봐." 아빠는 화를 내며 "저게 왜 멍멍이야 사자야."라고 가르쳐 주었다. 지금 아이는 엄마가 그림책을 보면서 "동물의 다리가 네 개이면 멍멍이라고 해."라고 가르쳐 준 대로 다리가 네 개인 동물을 모두 '멍멍이'라고 한 것이다. 이런 작용을 삐아제는 동화작용이라고 하였다. 사진을 찍던 엄마가 "토끼는 다리가 네 개인데도 멍멍이라고 안 하지? 다리가 네 개라도 귀, 얼굴, 크기 등이 다르면 다르게 부른단다."라고 사자, 노루, 호랑이를 직접 가리키면서 가르쳐 줌으로써 새로이 알게 해 주었다. 삐아제는 이러한 것을 조절작용이라 하고, 동화작용이나 조절작용을 통해서 새로운 지식을 알게 됨으로써 갈등이 해결되는 상태를 평형화 작용이라고 하였다. 부모는 내 아이에게 체험학습, 책 읽기 등 다양한 경험 기회를 주어 위의 예와 같이 동

화, 조절, 평형화 작용을 통하여 새로운 지식을 구성
해 나갈 수 있도록 도와주어야 한다.

65 자녀의 능력보다 조금만 더 높은 수준을 제공해 주세요

비고스키라는 학자는 지식을 구성할 때, 자기보다
성숙한 사람(부모, 공부 잘하는 친구, 손위 형제, 교
사 등)의 도움을 받아 잠재되어 있는 능력까지 끌
어올릴 수 있다고 하였는데, 그러기 위해서 아동들
의 사회성 발달과 언어 발달이 매우 중요하다고 말
하였다. 아동이 열심히 노력하여 어느 수준까지 스
스로 도달하였을 때, 부모나 교사가 그 이상의 학습
을 할 수 있도록 약간 도와주는 것을 '비계설정
(Scaffolding)'이라고 한다. 여기서 비계는 건축할 때

벽돌이나 건축자재를 다음 층으로 올리기 위해서 세워 놓는 일종의 나무사다리를 말한다. 부모는 자녀의 잠재능력까지 끌어올릴 수 있도록 내 아이에게 적절한 비계를 설정하는 역할을 할 수 있어야 한다. 그리고 자녀에게 어떤 과제를 제시할 때, 그 아이의 능력보다 조금 더 어려운 과제를 제시하는 것이 필요하다.

66 자기조절 학습능력을 키워 주세요

자기조절 학습자와 그렇지 않은 학습자를 구분짓는 주요한 특징은 학습에 대한 주인의식, 책임의식, 자기효능감, 계획성, 통제성, 학습지향성, 전략의 활용, 목표지향성이며, 이러한 성향이 자기조절 학습을 가능케 하는 원동력이다. 부모는 평생학습

사회를 살아가야 하는 내 아이에게 스스로 계획하고 전략을 세워서 실행하며 동기를 유지할 수 있는 행동통제력과 결과물을 점검하고 보완, 수정할 줄 아는 자기조절 학습능력을 키워 주어야 한다.

67 인지전략 사용방법을 가르쳐 주세요

인지전략은 공부를 잘하려고 사용하는 방법이다. 효과적으로 외우는 방법으로 중요한 내용에 밑줄 긋기, 형광펜으로 칠하기, 반복하여 읽기 등을 예로 들 수 있다. 이미 알고 있는 내용과 새롭게 알게 된 내용을 통합하는 방법으로 요약하여 보기, 질문하기 등이 있다.

공부한 내용을 논리적으로 구성해 보는 방법으로 추론해 보기, 내용 분석해 보기 등이 있다. 부모는 자녀에게 공부하는 방법을 가르쳐 주어야 한다.

68 메타인지전략 사용방법을 가르쳐 주세요

메타인지전략은 자신의 공부하는 방법이 적절한지, 효율적인 방법인지, 계획은 잘 세웠는지 등을 점검하고 평가하며 조절하는 것이다. 부모는 자녀에게 항상 자기의 공부하는 것에 대한 점검을 하는 습관을 길러 주어야 한다. 특히 저학년 단계에서 부모는 학습준비물을 제대로 챙겼는지, 공부시간에 집중은 잘하는지, 글씨는 잘 쓰는지, 받아쓰기, 그림일기 쓰기, 학용품, 교과서 등을 반드시 점검하는 모델을 보여주어야 한다.

69 성취가치감을 느끼게 해 주세요

성취가치감은 주어진 학습을 가치 있다고 여기는 것을 말한다. 공부하는 내용이 가치 있다고 생각될 때 아이들은 스스로 최선을 다해 노력할 수 있고, 공부를 더 오래 지속한다고 한다. 부모는 자녀에게 하고자 하는 공부가 그의 꿈을 가꾸어 가는 데 많은 도움이 되고 가치 있음을 느낄 수 있게 해 주어야 한다.

70 자기효능감을 갖게 해 주세요

자기효능감은 하고자 하는 공부를 할 때, 잘해 낼 수 있다는 자기 능력에 대한 믿음이다. 스스로 무능하다고 생각하는 사람들은 공부하는 데 지장을 받고, 스트레스를 느끼지만 자기효능감이 높은 사람들은 상황에 따라 알맞은 노력을 기울일 줄 안다. 부모는 자녀에게 잘할 수 있다는 자기효능감을 갖도록 해 주어야 한다.

71 공부에 희열감을 느끼게 해 주세요

하고 싶은 공부나 책을 읽고 나서 감동을 받고 희열을 느껴 본 학생은 그러한 희열을 맛보기 위해서 열악한 여건에서조차도 최선을 다하여 목표를 달성하고자 열심히 노력한다. 교육심리학자들은 이러한 성향을 숙달목적 지향성이라고 하는데, 부모는 자녀에게 점수를 잘 받기 위해서나 칭찬을 받기 위해서 공부를 하는 것보다는 스스로 목표 달성에 대

한 희열을 느끼기 위해서 공부하는 숙달목적 지향
성을 갖도록 해 주어야 한다.

72 행동통제능력을 키워 주세요

행동통제는 어려운 조건에서도 포기하지 않고 공
부를 지속해 나가는 것이다. 일단 공부를 시작한 후
컴퓨터 게임, 친구의 유혹과 같은 여러 방해물에도
불구하고 공부를 지속하는 행동통제능력을 키워 주
어야 한다. 부모는 상황에 따라 적절한 강화와 보
상, 칭찬, 벌 등을 사용하여 일관성 있게 저학년 단
계에서 행동을 통제할 수 있게 지도해야 한다.

73 학업시간 관리능력을 키워 주세요

자기조절이 잘되는 학생은 시간이 제한적이라는 것을 잘 인식하기 때문에 주어진 학습내용을 해결하기 위해 효율적으로 학습시간을 관리한다. 숙제를 할 때에도 30분 정도에 해결할 수 있는 내용이면, 그 시간 안에 집중하여 해결해 낸다. 학업시간 관리능력이 없는 학생들이 숙제 한 번 하려면 조금 공부하다가 텔레비전 보고, 조금 있다가 화장실 가는 행동 등으로 몇 시간씩 걸린다. 그러므로 부모는 자녀에게 어떤 행동을 하더라도 반드시 이것을 해결하려면 약 몇 분쯤 걸리므로 그 시간 안에 해결하면 놀게 해 준다든지, 게임을 할 수 있게 해 준다든지 보상을 줌으로써 학업시간을 관리할 수 있는 능력을 키워 주어야 한다.

도움 구하기는 효율적인 공부수단으로 바람직한 방법 중의 하나이다. 도움을 구하는 아이들이 능력이 부족한 것으로 생각하는 경우가 있는데, 도움 구하기는 다른 사람에게 의존하여 학습하려는 성향이 아니라 적극적인 학습행동의 표현방법이다.

자신의 힘으로 해결하기 어려운 과제에 부딪혔을 때, 자신보다 더 잘 알고 있다고 생각되는 사람에게 도움을 요청하는 것은 공부 잘하는 학생에게 필요한 전략이다. 어떤 과제를 해결하는 데 필요한 도움을 인터넷 검색으로 구하는 것이 좋은지, 전문가에게 인터뷰하는 것이 좋은지, 백과사전이나 참고서를 통해서 알아보는 것이 좋은지, 부모님께 도움을 구하는 것이 좋은지를 판단하는 것이 도움 구하는 능력이다.

부모는 자녀에게 필요한 정보에 접근하는 방법, 즉 도움 구하는 다양한 방법을 가르쳐 줄 필요가 있다.

9부 "초등학령기의 시(時) 테크와 공간(空間) 테크 "

75 일일 시(時) 테크

1. 전업주부의 경우

일반적으로 초등학교 하루 일정은 8시 40분에서 9시까지 아침공부시간, 9시부터 1교시를 시작하여 12시 10분에 4교시를 마친다. 1학년은 이어서 급식을 1시까지 하고 담임교사가 교문까지 직접 귀가지도를 한다.

그러므로 아침에 적어도 7시 30분까지는 깨워서 밥 먹기, 세수, 편안한 옷차림, 준비물, 교과서 점검 등을 도와주고, 8시 20분 정도에는 현관에서 따뜻하게 인사를 주고받는다. 그래야 아이가 아침공부시간 안에 여유롭게 교실에 들어갈 수 있다.

아이가 학교에 가서 활동하는 동안에 어머니의 자기계발 시간을 할여할 수 있기를 권장한다. 그리고 아이가 귀가하는 시간에 엄마가 반갑게 맞이하는 것은 전업주부로서 내 아이에게 줄 수 있는 가장 큰 특혜이다. 특히 1, 2학년 아이들은 엄마가 자기를 기다리는 집에 가는 시간이 가장 행복한 시간이다.

요즘은 각 학교에서 저렴하고 질 높은 방과 후 학교 운영 프로그램을 운영하고 있으므로 학교에 개설한 다양한 특기적성 프로그램 중에서 자녀에게 필요한 부분을 일주일에 2~3가지 정도 수강할 수 있도록 한다. 남은 오후 일정은 숙제하기, 학교준비물 챙기기, 예습과 복습하는 습관 키워 주기, 좋아하는 책 읽기, 놀기, 컴퓨터하기, 어린이 방송 시청하기 등 자녀의 소질과 특기에 따라 오후 시간을 관리·지도한다.

저녁시간에는 저녁식사, 씻기, 일기 쓰기, 종교가 있는 가정에서는 기도하기, 가정에 따라 다르겠지만 일찍(보통 10시경) 자는 습관을 길러 주어야 한다. 잠자리에 들 때는 되도록 엄마의 다정한 목소리를 들으며 편안히 잠들 수 있도록 한다. 그리고 학교에는 다양한 학부모지원단활동이 있는데(10부에서 소개함), 시간에 여유가 있는 학부모들은 그러한 지원활동을 하면 자녀가 다니는 학교교육과정 운영에 많은 도움이 되고, 내 아이의 학교생활 이해에도 도움이 될 것이다.

2. 일을 가진 엄마의 경우

아침에 일찍 일어나서 먼저 어머니의 출근 준비를 마치고, 자녀의 학교 갈 준비를 도와주어야 한다. 비록 엄마가 아침식사를 하지 않더라도, 발육 단계에 있는 아이들은 꼭 아침을 챙겨 먹여야 한다.

몇 해 전에 아침식사를 거르고 등교하는 학생을 조사해 보니, 형편이 어려워서 아침식사를 안 하는 어린이보다는 늦잠을 자거나 '우리 집은 아침을 안 먹어요.'라고 답하는 학생이 많았다. 아침을 안 먹고 오는 학생들은 오전 중에 활발한 학습활동에 제약을 받는다. 기운이 떨어져 의욕이 없다든지, 심한 경우에는 아파서 보건실에 가기도 한다. 한번 보건실에 가는 것에 대한 편안함을 맛본 학생은 습관성이 될 수도 있다.

1학년 때에는 아이보다 먼저 출근을 할 경우, 등교를 도와줄 수 있는 지원책이 마련되어 있어야 한다. 부모님이 일찍 출근한다고 무조건 학교에 일찍 보내면 안 된다. 학교에 일찍 가서 읽을 수 있는 재미있는 책이라든지, 그림 그릴 자료 등을 챙겨서 보내야 한다.

또는 보살펴 줄 수 있는 친척집 주변에 가깝게 이사를 하거나, 평소에 가깝게 지내는 자녀의 또래 친구 가정을 알아 놓아서 같이 등교할 수 있게 해야 한다.

방과 후에는 혼자 방황하는 틈을 주어서는 안 된다. 얼마 전 유명한 방송인 가정이 특집프로그램으로 제작되어 소개되었다. 부모는 성공한 전문직업인들이었지만, 초등학교 4학년 아들에게 부모님에게 하고 싶은 말을 하라고 마이크를 대자마자 울먹거리면서 "엄마, 너무 늦게 들어오지 마. 엄마가 일찍 들어오면 좋겠어."라고 말을 잇지 못하였다. 이렇듯 아이들은 부모의 부재 속에 스스로 일정을 소화하는 일이 어른이 생각하는 것보다 훨씬 힘겨워한다.

그러므로 학교에서 운영하는 '방과 후 학교 종일반 프로그램', 학교도서관 활용, 특기적성 프로그램 등을 충분히 활용하도록 한다. 좋은 친구를 사귈 수 있도록 지도하고, 주말에는 또래 친구들의 가족들과 친교의 시간을 갖는 기회도 가짐으로써 급한 일이 있을 때 도움을 청할 수 있도록 하여야 한다.

퇴근 후에는 반드시 하루 동안의 생활에 관심을 보이며 대화하고, 과제 검사, 가방, 준비물 등을 점검한다. 저녁식사 후에는 일기를 쓰도록 지도하고 10시경에는 엄마의 따뜻한 사랑을 느끼며 잠을 잘 수 있도록 한다.

76 주말 시(時) 테크

자녀교육에서 아버지의 역할은 매우 중요하다. 모

처럼 쉬는 주말이나 공휴일에 늦게까지 잘 수 있음은 그야말로 꿀맛이다. 그러나 1, 2학년의 일기지도를 하면서 학생들이 가장 자랑스러워하는 내용 중의 하나가 '아빠와 함께 축구를 했다', '부모님과 함께 시립도서관에 가서 또는 서점에 가서 책을 읽었다', '박물관에, 놀이공원에, 할머니 댁에 다녀왔다.' 등이다. 가끔 교회나 성당, 절에 다녀왔다는 내용이 있기도 하지만 저학년 학생들은 부모님과 함께 시간을 보낸 것을 마음에 간직한다는 것을 알 수 있다.

따라서 주말에는 아이들도 쉬는 시간이 필요하지만, 부모님과 함께 다양한 경험을 할 수 있도록 테마를 정해서 일정을 관리할 수 있어야 한다. 특히 둘째, 넷째 토요휴업일에는 평소에 시간이 없어서 하지 못하는 경험들을 자녀의 의견을 절충하여 제공할 수 있는 기회로 삼아야 한다.

매년 7월 초와 12월 초에는 하계(30여 일), 동계 휴가(40여 일) 일정이 안내된다. 부모는 자녀들의 의견을 수렴하고, 학업성취수준, 소질 및 특기, 가정 사정 등을 고려한 구체적인 휴가 중 사전 계획을 세워야 한다. 한 달 정도의 긴 가정학습시간이 주어지므로, 이번 방학에는 학습보충, 특기신장, 체험학습기회 제공, 건강관리 등 어느 부분에 초점을 맞추어 보낼 것인지 방향성을 반드시 제시하여, 내 아이와 함께 휴가 중 계획을 세우는 것이 필요하다. 그래서 보람 있고 알찬 휴가를 보낼 수 있는 방법을 학습할 수 있도록 해 준다. 그렇게 함으로써 차차로 고학년에 올라갈수록, 자신에게 필요한 휴가 중 계획을 스스로 세울 수 있게 된다. 요즘에 대부분의 학교에서도 부모님과 함께 상의해서 정하는 자율학

습 과제나 선택 과제를 내도록 변화하고 있다. 그러
나 가장 중요한 것은 방학 계획에 따라 규칙적인
하루 생활을 할 수 있도록 지도하는 것이다.

78 공간(空間) 테크

'孟母 三遷之敎'라는 말은 어머니들의 치맛바람을
의미하는 것이 아니다. 맹자의 엄마가 자식의 교육
을 위해 3번이나 이사를 한 얘기이다. 그만큼 교육
환경의 중요성을 얘기한 것이다. '처음에 시장 근처
에 살았더니 맹자가 공부엔 관심이 없고 온통 장사
흥정하는 흉내만 냈지요. 그래서 조용한 곳으로 가
면 공부를 할 줄 알고 무덤 옆으로 갔더니 장례 치
루는 소리만 따라했어요. 다시 학교 옆으로 이사를
했더니 공부를 열심히 했다는 이야기지요.' 맹자와

같은 성인도 좋은 공간을 찾아 부모가 제공해 주었기 때문에 그의 재능 발휘가 가능했다. 부모가 조성해 주는 가정환경이나 주변 여건에 대한 공간 테크의 중요성을 의미해 준다.

엄마는 텔레비전을 보면서 아이에게 들어가서 공부하라고 하면 아이가 공부를 열심히 할까? 부모님이 모범이 되어 책을 펴고 있어야 그 분위기에 자연스럽게 동화되어 아이도 공부를 한다. 어릴 때부터 텔레비전은 어린이 방송 시간과 주말에만 보고 주중엔 다 같이 앉아서 책도 읽고 토론도 하는 여건을 조성하는 것은 좋은 예이다.

살고 있는 주거 주변에 도서관이 있고, 안전한 등하교가 가능한 학교, 공원이나 친자연적인 환경이 있으면 더욱 좋겠다.

부모는 절대 공부하라고 말하지 말아야 한다. 공부할 수밖에 없도록 환경을 조성해 주어야 한다.

10^부 "학부모 지원단 역할에는 이런 것이 있어요"

79 학교운영위원회가 있어요

　매년 3월에 학부모위원, 교원위원, 지역위원으로 전교생 재적수에 따라 9~17명 정도를 학부모위원은 학부모가 선출하고, 교사위원은 교직원이 선출하며 지역위원은 선출된 학부모위원과 교사위원이 추천된 후보 중에서 승인한다.

　학교운영위원회의 성격은 학교교육활동 추진 안

건에 대한 심의기구이다. 모든 학교가 반드시 조직
하여 운영하여야 한다.

80 녹색어머니 교통봉사대가 있어요

　대부분의 학교들이 조직·운영하고 있지만 전교
생을 대상으로 녹색어머니회 회원을 구성하는 학교
도 있고, 학급마다 자원봉사 어머니들로 구성하기도
하여 등굣길 교통안전지도 및 학교 앞 교통안전캠
페인을 주도한다. 특히 저학년 학생들의 안전한 등
굣길에 많은 도움이 되고 있다.

81 예절도우미 교사가 있어요

전통 예절 연수를 받은 어머니들이 재량시간이나 도덕, 바른생활 교과시간과 연계하여 예절 수업을 도와준다.

82 책 읽어주기 지원단이 있어요

학교 교육과정 운영의 일환으로 독서 프로그램 운영 시간에(주로 아침시간) 책 읽어주기 지원단 어머니들이 미리 준비한 책을 10분 정도 학생들에게 읽어주는 활동으로 상상력과 창의력을 길러 주고, 책과 친근해질 수 있는 기회를 주는 데 많은 도움을 주고 있다.

83 학부모 보람교사회가 있어요

　보람교사 활동을 지원하는 학부모를 대상으로 강사 인력풀을 구성한다. 그래서 교수-학습 지원, 생활지도 지원, 상담활동 지원 등 학부모상주지도실에 아이들이 학교 있는 시간 동안에 상주하면서 지원하는데 학교교육활동 운영에 많은 도움이 된다.

84 급식모니터위원회가 있어요

　학생들에게 안전하고 위생적인 급식이 제공될 수 있도록 학부모 중에서 학급별 2명 정도 자원하여 구성하는데, 윤번제로 급식 재료 검수 및 급식실 청결 상태 등을 모니터하여 피드백하는 활동을 한다.

학생들의 건강을 지키는 중요한 지원단체이다.

* 위에 제시된 학교운영위원회는 모든 학교가 반드 시 조직해야 하지만 그 외의 지원단은 예시이고, 학교마다 학교 교육계획에 의거하여 더 많거나 적은 지원단이 있을 수 있고 다양한 위원회를 조 직하여 운영하기도 한다.

85 학부모 평생교육 프로그램도 있어요

유휴교실이 있거나 특별교실 사용에 여유가 있는 학교에서는 '평생교육 어머니교실' 프로그램을 운영 한다. 주로 개설된 부서는 어머니들의 요구가 많은 요가부, 컴퓨터부, 토탈공예부, 스포츠댄스부, 종이 접기부 등이다. 강사는 학생들의 특기적성 지도 강

사들을 활용하여 보다 저렴한 수강비로 학부모뿐만
아니라 지역사회 어머니, 할머니들도 수강할 수 있
도록 문을 열어 놓는다. 부모는 자녀교육에 관심을
많이 기울여야 하지만, 고령화 사회를 살아가야 하
는 우리 세대에게는 자기계발에도 부단한 노력이
뒤따라야 한다.

11부 ┃ 부록

• 초등학교 취학 관련 유의사항

　　같은 해에 태어난 아동이 같은 학년에 입학하여
수학하도록 조정하기 위하여 현행 '3월 1일자'로 되
어 있는 초등학교 취학기준일을 '1월 1일자로 변경'
하는 것을 주요 내용으로 하는 초·중등교육법(제
13조 1항)이 개정됨으로써

- 2008학년도 초등학교 입학대상자는 2001년 3월
  1일~2002년 2월 28일생이며

* 제도 도입 단계
- 2009학년도 초등학교 입학대상자는 2002년 3월
  1일~2002년 12월 31일생이고,
* 제도 정착 단계
- 2010학년도 초등학교 입학대상자는 2003년 1월
  1일~2003년 12월 31일생이다.

이후 학년도에도 계속해서 입학기준일자가 1월 1일
자로 변경됩니다.

초·중등교육법 제13조 제2항 개정으로 학부모에게
취학적령기 전·후 1년 범위 내에서 취학선택권 부여
함, 학부모가 자녀의 발육상태 등 개인차를 고려, 취학
시기 자유롭게 선택함. 시행일: 2008년 3월 1일(2009학
년도부터 적용)

• 초등학교 취학 관련 법령 개정 내용

◈ 초·중등교육법

○ 법률 제8577호, 2007. 8. 3. 개정, 2008. 3. 1. 시행

종전	개정후	개정 사유
第13條(就學義務) ①모든 國民은 그가 보호하는 子女 또는 아동이 滿6歲가 된 날의 다음 날 이후의 최초 學年初부터 滿12歲(第27條의 規定에 의하여 早期進級 또는 早期卒業을 하는 者의 경우에는 滿12歲에서 해당연수(年數)를 뺀 연령을 말하고, 출석일수의 부족 등으로 인하여 진급 또는 졸업하지 못한 자의 경우에는 해당연수를 더한 연령을 말한다)가 되는 날이 속하는 學年末까지 그 子女 또는 아동을 初等學校에 就學시켜야 한다. ②初等學校의 長은 第1項의 規定에 불구하고 初等學校의 學生收容能力에 여유가 있는 경우에는 大統領令이 정하는 바에 의하여 滿5歲 아동의 就學을 허용할 수 있다. (이하 생략)	第13條(就學義務) ①---------- ---------------------------- 만 6세가 된 날이 속하는 해의 다음 해 3월 1일부터 만 12세---------------------- ---------------------------- ---------------------------- ---------------------------- ---------------------------- ---------------------------- ---------------------------- 날이 속하는 해의 다음 해 2월말----------------------. ②제1항의 규정에 불구하고 자녀 또는 아동의 보호자는 만 5세가 된 날이 속하는 해의 다음 해 또는 만 7세가 된 날이 속하는 해의 다음 해에 그 자녀 또는 아동을 입학시킬 수 있다. (이하 생략)	○초등학교 취학 연령을 연나이로 변경하여 1월생 또는 2월생 자녀를 둔 학부모들이 또래보다 한 살 어린 나이로 입학할 경우 학교생활에서 부적응하게 될 것을 우려하여 자녀의 취학시기를 일부러 늦추고 있는 부작용 해소 ○학부모가 입학 적령기 1년 전·후로 자녀의 발육 상태 등에 따라 자유롭게 입학시기를 선택할 수 있도록 조기입학과 취학유예 간소화

○ 법률 제8675호, 2007. 12. 14. 개정, 2008. 3. 1. 시행

종전	개정후	개정 사유
第14條(就學義務의 免除등) ① 疾病등 부득이한 사유로 인하여 就學이 불가능한 義務敎育對象者에 대하여는 大統領令이 정하는 바에 의하여 第13條의 規定에 의한 就學義務를 免除하거나 猶豫할 수 있다. ② (생 략)	제14조(취학의무의 면제 등) ① 질병·발육상태 등 부득이한 사유로 인하여 취학이 불가능한 의무교육대상자에 대하여는 대통령령으로 정하는 바에 따라 제13조에 따른 취학의무를 면제하거나 유예할 수 있다. ② (현행과 같음)	○ 초등학교 취학을 유예하는 사유로 발육부진이 가장 큰 비중을 차지하는 현실을 반영하기 위하여 질병 외에 발육상태를 취학면제 또는 유예사유에 추가

◈ 초·중등교육법 시행령

○ 대통령령 제20635호, 2008. 2. 22. 개정, 2008. 3. 1. 시행

종전	개정후	개정 사유
제19조 (재외국민 자녀의 입학 절차 등) ①재외국민 또는 외국인이 보호하는 자녀 또는 아동이 국내의 초등학교에 입학하거나 최초로 전입학하는 경우에는 거주지를 관할하는 해당학교의 장은 「전자정부구현을 위한 행정업무 등의 전자화촉진에 관한 법률」제21조제1항에 따른 행정정보의 공동이용을 통하여 「출입국관리법」 제88조에 따른 출입국에 관한 사실증명 또는 외국인등록사실증명의 내용을 확인함으로써 제17조 및 제21조에 따른 입학 또는 전학절차에 갈음할 수 있다. 다만, 그 재외국민 또는 외국인이 확인에 동의하지 아니하는 경우에는 출입국에 관한 사실 또는 외국인등록사실을 증명할 수 있는 서류를 제출하도록 하여야 한다. ② (생 략)	제19조 (재외국민 자녀의 입학 절차 등) ①재외국민 또는 외국인이 보호하는 자녀 또는 아동이 국내의 초등학교에 입학하거나 최초로 전입학하는 경우에는 거주지를 관할하는 해당학교의 장은 「전자정부법」제21조제1항에 따른 행정정보의 공동이용을 통하여 「출입국관리법」 제88조에 따른 출입국에 관한 사실증명 또는 외국인등록사실증명의 내용을 확인함으로써 제17조 및 제21조에 따른 입학 또는 전학절차에 갈음할 수 있다. 다만, 그 재외국민 또는 외국인이 확인에 동의하지 아니하는 경우에는 출입국에 관한 사실이나 외국인등록사실을 증명할 수 있는 서류 또는 임대차계약서, 거주사실에 대한 인우보증서 등 거주사실을 확인할 수 있는 서류를 제출하도록 하여야 한다. ② (생 략)	○불법체류 아동의 국내학교의 입학 또는 전학 절차의 개선 - 현재 국내에서 불법체류 중인 아동의 경우에는 관련 법령에 따른 서류의 미비 등으로 국내학교 입학 또는 전학이 어려워 아동의 교육받을 권리가 사실상 침해를 받고 있는 실정임. - 불법체류 중인 아동에 대하여 임대차계약서, 거주사실 인우보증서 등을 통하여 거주사실을 확인할 수 있으면 국내학교에 입학 또는 전학이 가능하도록 함.

○ 대통령령 제20792호, 2008. 5. 27. 개정, 2008. 5. 27. 시행

종전	개정후	개정 사유
제15조(취학아동명부의 작성등) ①읍·면·동의 장은 매년 11월 1일 현재 그 관내에 거주하는 아동으로서 다음해 3월 1일에 그 연령이 초등학교 취학시기에 달하는 자(법 제13조제2항의 규정에 의하여 만 5세에 취학한 자를 제외한다)를 조사하여 당해연도 11월 30일까지 취학아동명부를 작성하여야 한다.	제15조(취학아동명부의 작성등) ①읍·면·동의 장은 매년 10월 1일 현재 그 관내에 거주하는 자로서 그 해 1월 1일부터 12월 31일까지 연령이 만 6세에 달하는 자(법 제13조제2항 전단에 따라 만 5세가 된 날이 속하는 해의 다음 해에 초등학교에 입학하여 취학 중인 자는 제외한다)를 조사하여 그 해 10월 31일까지 취학아동명부를 작성하여야 한다. 이 경우 제3항에 따라 만 6세가 되는 날이 속하는 해에 입학연기를 신청하여 취학아동명부에서 제외된 자는 포함하여야 한다.	○ 초·중등교육법의 개정으로 취학아동의 보호자가 조기입학 또는 입학연기를 선택할 수 있게 됨에 따라 취학아동 수를 조기에 파악할 필요제기 ○ 취학아동명부의 작성시기를 1개월 앞당기고 이후 순차적으로 취학일정을 전체적으로 조정
〈신 설〉	② 법 제13조제2항 전단에 따라 만 5세가 된 날이 속하는 해의 다음 해에 입학을 원하는 자녀 또는 아동의 보호자는 자녀 또는 아동의 연령이 만 5세에 달하는 날이 속하는 해의 10월 1일부터 12월 31일까지 읍·면·동의 장에게 조기입학신청서를 제출하여야 한다.	○ 개정된「초·중등교육법」에 따라 초등학교 취학아동 보호자의 조기입학 또는 입학연기 신청 방법과 읍·면·동장의 관련 업무 처리 절차를 규정
〈신 설〉	③ 법 제13조제2항 전단에 따라 만 7세가 되는 날이 속하는 해의 다음 해에 입학을 원하는 자녀 또는 아동의 보호자는 자녀 또는 아동의 연령이 만 6세가 되는 날이 속하는 해의 10월 1일부터 12월 31일까지 읍·면·동의 장에게 입학연기신청서를 제출하여야 한다.	
〈신 설〉	④ 제2항 또는 제3항에 따른 조기입학신청서 또는 입학연기신청서를 제출받은 읍·면·동의 장은 조기입학대상자는 취학아동명부에 등재하여야 하고, 입학연기대상자는 취학아동명부에서 제외하여야 한다.	

172 부 록

종전	개정후	개정 사유
②·③ (생 략)	⑤·⑥ (현행 제2항 및 제3항과 같음)	
④제1항의 규정에 의한 취학아동의 조사 및 명부작성에 관하여 필요한 사항은 교육감이 정한다.	⑦제1항부터 제6항까지의 규정에 따른--.	
제16조(입학기일 등의 통보) ① 교육장은 매년도 취학할 아동의 입학기일과 통학구역을 결정하고 당해연도 1월 20일까지 읍·면·동의 장에게 이를 통보하여야 한다. 다만, 교육대학·사범대학 및 종합교원양성대학(이하 이 조에서 "교육대학등"이라 한다)의 부설초등학교 및 사립초등학교의 통학구역은 이를 지정하지 아니한다.	제16조(입학기일 등의 통보) ①--------다음 해에--입학기일이 속한 해의 전해 11월 30일---부설초등학교와-----------------------------------.	○취학일정의 조정, 특히 취학통지기한 (2월 25일)에 대해서는 앞당길 필요성이 크다는 의견과 현행 유지 주장이 함께 제기되었으나, 당초 입법예고안 보다 전체적으로 1개월 정도 늦추는 것으로 조정
②법 제13조제4항의 규정에 의하여 교육대학 등의 장 및 부설초등학교가 아닌 사립초등학교의 장은 학년도개시 40일전까지 신년도 입학허가자명부를 읍·면·동의 장에게 통보하여야 한다.	②교육대학등의 부설초등학교의 장과 사립초등학교의 장은 입학기일이 속한 해의 전 해 12월 10일까지 다음 해 입학허가자명부를 읍·면·동의 장에게 통보하여야 한다.	○위와 같음
③ (생 략)	③ (현행과 같음)	
제17조(취학의 통지 등) ①읍·면·동의 장은 제16조제1항 본문의 규정에 의한 통보를 받은 때에는 입학할 학교를 지정하고 입학기일을 명시하여 당해연도 2월 25일까지 취학할 아동의 보호자에게 취학통지를 하여야 한다.	제17조(취학의 통지 등) ①--------------------제16조제1항 본문에 따른--입학기일이 속한 해의 전해 12월 20일-----------------------------------.	○제16조 개정사유와 같음

종전	개정후	개정 사유
② (생 략) ③읍·면·동의 장은 <u>제2항의 규정에 의한</u> 통보를 한 후 아동의 취학에 관하여 변동이 발생한 때에는 지체없이 <u>제1항 및 제2항의 규정에 의한</u> 조치를 하여야 한다.	② (현행과 같음) ③------------------------------<u>제2항에 따른</u>--<u>취학할 아동의 보호자 및 입학할 학교의 장에게</u> 통보하여야 한다.	ㅇ매년 11월 경 교육장이 시·군·구의 장에게 전산자료를 요청하여 활용
제20조(만 5세아동의 취학) ① 교육감은 관할구역안에 소재하는 초등학교의 학생수 용능력 등을 고려하여 다음 각호의 사항이 포함된 만 5세아동의 취학에 관한 시행계획을 수립하여 이를 고시하여야 한다. 1. 만 5세아동의 초등학교 취학허용 학생수 2. 취학할 수 있는 아동의 범위 3. 기타 취학절차 등에 관한 사항 ②교육장은 제1항의 규정에 의한 시행계획에 따라 학교별로 취학을 허용할 수 있는 만 5세아동의 수 및 취학절차 등에 관한 세부시행계획을 수립하여 이를 고시하여야 한다. ③초등학교의 장은 법 제13조제2항 전단의 규정에 의하여 만 5세아동의 취학을 허용한 때에는 취학일부터 40일 이내에 당해 아동이 거주하는 읍·면·동의 장에게 그 명단을 통보하여야 한다.	〈삭 제〉	ㅇ초·중등교육법의 개정으로 취학아동의 보호자가 조기 입학을 선택할 수 있게 됨에 따라 불필요하게 되어 해당 조문을 삭제

• 초등학교 취학 절차

취학아동명부 작성

읍·면·동장은 10월 1일 현재 관내에 거주하는 아동 중 초등학교 취학 대상자를 조사하여 10월 31일까지 취학아동명부 작성

읍·면·동장은 취학아동명부를 작성한 후 10일 이상의 기간을 정하여 아동의 보호자가 열람할 수 있도록 조치
☞ 10월 1일(취학아동명부 작성기준일)이후에도 취학대상 아동이 관내로 전입하는 경우 지체없이 취학아동명부에 등재

조기입학·입학연기 신청

학부모는 입학 적령기 1년 전후로 자녀의 발육상태 등 개인차에 따라 입학시기를 선택하여 10월 1일부터 12월 31일까지 읍·면·동장에게 신청

입학기일 및 통학구역 설정

교육장은 매년 다음 해 취학할 아동의 입학기일과 통학구역을 결정하고, 11월 30일까지 읍·면·동장에게 통보

취 학 통 지

읍·면·동장은 입학할 학교를 지정하고, 입학기일을 명시하여 12월 20일까지 취학아동의 보호자에게 취학 통지(학교장에게도 통보)
 - 국립·사립초등학교장은 신입생 모집공고, 원서접수, 추첨 등을 거쳐 신학년도 입학허가자를 결정하고 허가자명부를 12월 10일까지 읍·면·동장에게 통보

예 비 소 집

학교장은 학사일정을 고려하여 예비소집을 통하여 입학 관련 준비, 학교 소개 등

• 세부 취학 절차 및 일정

취학아동 조사 【읍 · 면 · 동의 장】

범례 법 :초 · 중등교육법, 영 :초 · 중등교육법 시행령

❑ 조사기준일 : 매년 10월 1일   영 §15－①

❑ 조사 대상   법 §13－①, 영 §15－①

- 1월 1일부터 12월 31일까지 연령이 만 6세에 달하는 자
    - 취학의무 유예자 등 전년도 미취학 아동 포함
    - 조기 입학으로 이미 취학 중인 아동 제외

❑ 조사 및 **취학아동명부 작성 기간** : 매년 10월 31 까지   영 §15－①

❑ 취학아동명부 **열람 기간** : 10일 이상   영 §15－⑤

□ **전·출입자에 대한 처리**   영 §15 - ⑥

　• 읍·면·동의 장은 취학아동 명부 작성 후부터
　　입학 전까지 거주 이전한 의무취학아동에 대하
　　여 지체 없이 취학아동명부에 등재

□ **연령미달 아동** : 취학시킬 수 없음   법 §13 - ①,
　영 §15 - ①

□ **교육대학·사범대학 부설초등학교 및 사립초등
　학교**(이하 '국·사립초') **취학아동**   영 §16 - ②

　• 읍·면·동의 장은 당해 학교장의 입학승낙서
　　를 첨부한 신고를 받은 후 공립학교 취학아동
　　과 같이 취학통지서를 발부하고, 이미 작성된
　　취학아동명부 비고 난에 국·사립초등학교명을
　　병기

☞ 국·사립초 취학 절차

● 신입생 모집 공고 및 원서 교부 : 10월 경

● 원서 접수 및 마감 : 11월 경

● 추첨 등 방법에 의해 신입생 확정 : 11월 경

● 입학허가자명부를 읍·면·동의 장에게 통보 :
  12월 10일까지

※ 국·사립초의 취학 일정은 학교에 따라 달라질 수 있으므
  로 반드시 취학을 원하는 학교에 직접 문의하거나 당해학
  교 홈페이지를 참조하기

조기입학·입학 【학부모 → 읍·면·동의 장】

☐ 신청 기간 : 매년 10월 1일~12월 31일
  법 §13 - ②, 영 §15 - ②,③

☐ 신청 대상   법 §13 - ②, 영 §15 - ②,③

  ● 조기입학 : 1월 1일부터 12월 31일까지 연령이

만 5세에 달하는 자로서 조기입학을
희망하는 자(1년 조기 입학만 가능)

- 입학연기 : 1월 1일부터 12월 31일까지 연령이
만 6세에 달하는 자로서 다음 해로
입학을 1년 연기하려는 자

※ 만 6세에 입학연기하고, 그 다음해 다시 입학을 연
기하고자 할 경우에는 취학 유예의 절차를 따름.

□ 신청 절차   영 §15 – ②,③,④

- 자녀 또는 아동의 보호자는 읍·면·동의 장에게
조기입학신청서 또는 입학연기신청서를 12월
31일까지 제출(기한 준수, 별도 제출서류 없음)
☞ 〈서식 1〉, 〈서식 2〉

- 읍·면·동의 장은 신청서 서식 하단의 접수증
을 교부하고, 취학아동명부에서 등재 또는 제외

※ 지금처럼 조기입학이나 입학연기에 대한 학교장의
판단 절차를 거치지 않고, 학부모의 선택에 따라 확
정되므로 신중히 판단하기

초등학교 취학

□ **입학기일 등의 통보 【지역교육청】** 영 §16 - ①
- 다음해 취학할 아동의 입학기일과 통학구역을 결정하여 매년 11월 30일까지 읍·면·동의 장에게 통보

□ **국·사립초 취학아동의 통보【국·사립초 학교장】** 영 §16 - ②
- 국·사립초의 학교장은 입학허가자 명부를 매년 12월 10일까지 취학아동 거주지의 읍·면·동의 장에게 통보

□ **취학통지서 작성·배부 【읍·면·동의 장】** 영 §17 - ①
- 취학통지서 배부 : 매년 12월 20일까지

□ **취학아동 명부 통보 【읍·면·동의 장】** 영 §17 - ②

- 학교별 취학아동명부를 매년 12월 20일까지 해당학교장에게 이송
□ **취학통지서 발급 후 전·출입 【읍·면·동의 장】**
  영 §17-③
- 취학통지서 발급 후 입학 시까지 변동된 아동에 대하여 즉시 취학아동명부를 추가 작성하고, 취학통지서 발부와 동시에 해당학교장에게 통보(12월 31일까지 조기입학 또는 입학연기 신청자 반영)
□ **예비소집 【학교장】**
- 예비소집일 : 매년 1월 또는 2월
□ **입학식 【학교장】**
- 입학식 : 매년 3월초

초등학교 조기 입학 신청서

접수번호	조기입학 -			
입학대상 아동	성 명		주민등록번호	
	주 소			
보호자	성 명		관계	입학대상자의 (　　　)
	주 소			전화번호

　초·중등교육법 제13조에 따라 내년도 초등학교 취학을 희망하여 조기입학을 신청합니다.

20　.　.　.

보호자　　　　　(서명 또는 인)

○○읍장 · 면장 · 동장 귀하

--------------(기관 인)---

조기 입학 접수증

아동명		보호자명	
주 소			

　위와 같이 (　　　　)학년도 초등학교 조기입학신청서가 접수되었습니다.

20　.　.　.

○○읍장 · 면장 · 동장 (인)

접수번호	조기입학 -	접수인	성명 :　　　(서명)

초등학교 입학 연기 신청서

접수번호	입학연기 －			
입학대상 아동	성 명		주민등록번호	
	주 소			
보호자	성 명		관계	입학대상자의 ( )
	주 소		전화번호	
입학 연기 사유				

　　초·중등교육법 제13조에 따라 내년도 초등학교 취학을 1년간 연기하고 다음 년도에 취학하고자 합니다.

20　．　．　．

보호자　　　　　　　(서명 또는 인)

○○읍장·면장·동장 귀하

-------------(기관 인)---

입학 연기 접수증

아동명		보호자명	
주 소			

　　위와 같이 (   )학년도 초등학교 입학을 1년 늦게 취학하고자 제출한 초등학교 입학연기신청서가 접수되었습니다.

20　．　．　．

○○읍장·면장·동장 (인)

접수번호	입학연기 －	접수인	성명 :　　　　(서명)

초등학교 입학, 이렇게 달라집니다.

교육과학기술부
MINISTRY OF EDUCATION, SCIENCE AND TECHNOLOGY

∿∿ 초등학교 입학과 관련한 초·중등교육법과 시행령이 바뀌었습니다.

● 초등학교 취학연령이 변경되었습니다.

지금까지는 3월 1일부터 다음해 2월말까지 출생한 아동이 같은 학년으로 공부했으나, 앞으로는 1월 1일부터 12월 31일까지 출생한 아동은 같은 학년이 됩니다.

✽ 내년 초등학교 취학 대상(2009. 3. 1 입학) : 2002. 3. 1 ~ 2002. 12. 31 생
　2010학년도 취학 대상(2010. 3. 1 입학) : 2003. 1. 1 ~ 2003. 12. 31 생

🔍 우리 아이가 내년도 입학 대상인지 어떻게 확인하나요?
　11월 초에 살고 계신 읍·면·동 사무소에서 취학아동명부를 확인하면 됩니다.

🔍 2003년 2월생인 우리 아이는 내년에 초등학교 가려는데, 유치원을 다시 다녀야 하나요?
　10월 1일부터 12월 31일까지 읍·면·동 사무소에 조기입학 신청을 하면 내년 3월에 초등학교 입학이 가능합니다. 12월 31일 이전에 꼭 신청하셔야 합니다.

● 또래 아이보다 빨리 또는 늦추어 입학하기가 쉬워졌습니다.

학부모(보호자)께서 10월 1일부터 12월 31일까지 읍·면·동 사무소에 별도의 서류 없이 조기입학 또는 입학연기 신청
✽ 지금처럼 조기입학이나 입학연기에 대해 학교장의 판단 절차를 거치지 않고, 학부모의 선택에 따라 확정 되므로 신중히 판단하셔야 합니다.

✦ 조기입학 대상 : 2003. 1. 1 ~ 2003. 12. 31 생　✦ 입학연기 대상 : 2002. 3. 1 ~ 2002. 12. 31 생

● 입학 일정이 일부 앞당겨졌습니다.

읍·면·동 사무소의 취학 통지가 12월 20일로 앞당겨졌고, 이에 따라 예비소집일 등 입학 일정도 앞당겨질 예정입니다.
✽ 국립·사립초등학교 신입생 모집 일정도 작년보다 1개월 정도 앞당겨질 예정이니, 입학을 희망하는 해당 학교에 문의하거나 홈페이지를 참고하십시오.

● 주민등록 말소, 무호적, 국내 불법 체류 아동도 입학이 가능합니다.

임대차계약서, 거주확인 인우보증서, 출입국 사실증명, 기초생활보장번호 등을 통해 거주사실이 확인되면 입학할 수 있습니다.

■ 기타 자세한 사항은 거주지 시·도교육청이나 지역교육청의 민원봉사실, 또는 읍·면·동 사무소에 문의하시기 바랍니다.

* 출처: 경기도교육청 학교설립과(2008. 6). 초·중등교육법 및 동법 시행령 개정에 따른 초등학교 취학업무 추진 기본 계획, 교육과학기술부(2008. 5. 28)보도자료에서 재인용.

글을 마치면서

이 책은 처음부터 차례대로 읽는 것이 아니고 필요한 부분을 찾아 읽음으로써 내게 필요한 정보를 구할 수 있도록 하이퍼텍스트 형식으로 꾸며 보았다. 여기서 하이퍼텍스트라고 하는 것은 웹(Web)페이지에서 처럼 관심 있는 아이템으로 바로 접근하여 원하는 정보를 획득하는 방법을 의미하는 것이다. 즉 처음부터 순서대로 끝까지 읽어야 내용을 이해할 수 있는 것이 아니고, 알고 싶은 내용을 목차를 참고하여 바로 찾아볼 수 있도록 구성하였다. 필자는 이 책에 수록된 내용과 사례들이 새내기 학부모들에게 조금이라도 도움이 된다면 그로써 보람으로 생각하겠다. 모쪼록 초등학령기 아동들의 행복하고 즐거운 학교생활에 일말의 역할을 할 수 있기를 기대하면서 글을 맺을까 한다.

이 글을 쓸 수 있도록 물심양면으로 지원해 준 가족들에게 고마운 마음을 전하고 싶고, 어려운 여건에도 불구하고 졸저를 출판할 수 있도록 해 주신 한국학술정보(주) 채종준 대표이사님을 비롯한 관계자 여러분께도 깊은 감사의 말씀을 드린다.

'새내기 학부모들에게 꼭 필요한 이야기'가 유치원 취학반 원생들이나 초등학교 1, 2학년 자녀를 둔 부모들에게 하고 싶은 이야기였다면, 후속 졸저는 1~6학년 학생 학부모들이 읽어 봄으로써 초등학령기 학생들의 꿈의 실현에 도움이 될 수 있는 내용으로 준비하고자 한다.

초등학교 학령기 동안에 만날 수 있는 6명의 담임교사는 다양한 성격과 자질을 가진 인격체이다. 담임교사는 학부모가 선택할 수 있는 요소가 아니다. 그러므로 매년 바뀌는 담임교사와 학부모가 어뚫게 상호관계를 유지하여 자기조절 학습능력 형성 및 자기주도적 학습력을 형성시켜 중고등학교 생활의 토대를 마련할 것인가에 대한 논의가 필요하다.

이는 대학 및 진로 선택, 나아가 행복한 삶을 위한 첫 단추가 되기 때문이다.

이러한 꿈을 가꾸고 실현하기 위한 토대를 쌓는 일이 초등학교 6년을 어떻게 보내느냐에 달려 있다고 해도 과언이 아니다. 6년 동안의 내 아이의 변화에 대해서 일관성과 목표의식을 갖고 스스로 설 수 있는 힘을 키워 줄 수 있는 사람은 매년 바뀌는 담임교사가 아닌 바로 내 아이의 부모인 당신인 것이다. 학부모가 뚜렷한 신념과 철학을 가지고 내 아이의 꿈을 가꾸어 가도록 이끌어 가는 주체가 되어야 하고, 이는 매우 중요한 일이며 어려운 일이다.

따라서 학부모는 내 아이의 발달 단계 특징을 이해하고 가장 적절한 양육 방식을 택하여 초등학교 학령기 동안에 적성을 찾아 진로를 인식하고 탐색

해 주는 역할을 다하여야 한다. 다음 졸저를 통하여
이러한 부분에 대한 이야기를 할 수 있는 기회를
갖고자 한다.

끝으로 이십팔 년여 동안 해마다 시간을 같이했
던 천이백여 명의 제자들과 부족한 담임교사를 신
뢰하고 물심양면으로 지원해 주신 학부모님들께 감
사를 드린다.

참고문헌

경기도교육청 학교설립과(2008. 6. 4). 초·중등교육법 및 동법 시행령 개정에 따른 초등학교 취학업무 추진 기본계획.

교육과학기술부(2008. 5. 28). 보도자료.

김경희(2004). 『발달심리학』. 서울: 학문사.

조원호(2000). 『학교교육에서의 심리학』. 서울: 국민대학교출판부.

박영신 역(1995). 『아동사고의 발달』. 서울: 미리내.

백승희(2002). "동기설계 수업모형의 적용이 자기조절 학습능력에 미치는 효과", 국민대학교대학원 박사학위 논문.

백승희(2006). 『Self-regulation으로 자라나는 내 아이의 꿈』. 파주: 한국학술정보(주).

서봉연 외 공저(1994). 『발달심리학』. 서울: 중앙적성출판사.

서봉연 역(1995). 『발달의 이해』. 서울: 중아적성출판사.

신명희 외 공저(2007). 『교육심리학의 이해』. 서울: 학지사.

오성삼 외(1996). 『교육심리학』. 서울: 예지각.

임재택(1992). 『현대유아교육과정』. 서울: 양서원.

초·중등교육법 개정법령. 법률 제8577호. 2007. 8. 3 개정, 2008. 3. 1 시행.

초·중등교육법 개정법령. 법률 제8675호. 2007. 12. 14 개정, 2008. 3. 1 시행.

초·중등교육법 시행령 개정법령. 대통령령 제20635호, 2008. 2. 22 개정. 2008. 3. 1 시행.

초·중등교육법 시행령 개정법령. 대통령령 제20792호, 2008. 5. 27 개정. 2008. 5. 27 시행.

• 저자 • ···

백승희 　•약 력•
　　　　전주교육대학교 2년 졸업. 경인교육대학교 졸업.
　　　　국민대학교 교육대학원 유아교육전공(교육학석사)
　　　　국민대학교 대학원 교육학과 교육심리전공(박사)
　　　　경기도 가좌초등학교 교무부장
　　　　경희대학교 교육대학원 강사
　　　　상명대학교 교육대학원 강사
　　　　국민대학교 교육대학원 전 강사
　　　　세종대학교 교육대학원 전 강사

　　　•주요논저•
　　　「연구논문」
　　　미리읽기 지도가 초등학생의 독해력에 미치는 영향
　　　학업성취 향상을 위한 초등학교 학생의 교과태도에 대한 조사연구
　　　개별화 Learning Contract 프로그램 운영을 통한 초등학생의 자
　　　　기주도적 학습능력 신장
　　　동기설계 수업모형의 적용이 자기조절 학습능력에 미치는 효과

　　　『저서』
　　　Self-regulation으로 자라나는 내 아이의 꿈(2006)

　　　외 다수

새내기 **학부모**에게
꼭 **필요한**
이야기

• 초판 인쇄	2008년 6월 30일
• 초판 발행	2008년 6월 30일
• 지 은 이	백승희
• 펴 낸 이	채종준
• 펴 낸 곳	한국학술정보㈜
	경기도 파주시 교하읍 문발리 513-5
	파주출판문화정보산업단지
	전화 031) 908-3181(대표) · 팩스 031) 908-3189
	홈페이지 http://www.kstudy.com
	e-mail(출판사업부) publish@kstudy.com
• 등 록	제일사-115호(2000. 6. 19)
• 가 격	22,000원

ISBN 978-89-534-9613-2 93370 (Paper Book)
       978-89-534-9614-9 98370 (e-Book)